知识就在得到

详谈 左晖

李翔/著

新星出版社　NEW STAR PRESS

回到采访

在离开记者这个行业将近 5 年之后，我决定重新开始做采访，并且发表出来。之所以这么做，是出于下面两个理由。

第一个理由，是它本身所具有的知识积累的价值。

我非常喜欢西方历史学之父希罗多德在巨著《历史》的开头写的第一句话：

以下所展示的，乃是哈利卡纳苏斯人希罗多德调查研究的成果。其所以要发表这些研究成果，是为了保存人类过去的所作所为，使之不至于随时光流逝而被人淡忘，为了使希腊人和异族人的那些值得赞叹的丰功伟绩不致失去其应有的荣光，特别是为了把他们相互争斗的原因记载下来。

这句话揭示了采访的价值所在。采访、记录和研究的目的是为了对抗遗忘，让后来的人可以真正做到站在前人的肩膀上前行，而不至于陷入不断重蹈覆辙或者不断重新发明轮子的怪圈中。

采访、记录和研究的对象，既包括"那些值得赞叹的丰功伟绩"——我们之中的那些优秀的创造者们，不断在用自己的聪明才智创造出一些让我们所有人都变得更好的产品、服务和组织；也包括失败和争斗——即使是我们之中的那些最优秀的人，也难免会犯下错误，这些错误其实都是在为我们作为一个整体在试错，它们都值得被记录。

这件事情在今天尤其值得做，因为现在做这种采访、记录和研究的人在减少。这里面当然有很多原因，包括传统的严肃媒体的衰落；包括因为社交网络的发达，受访者的只言片语越来越容易被拿出来放大，这让他们越来越小心谨慎；包括各种碎片化或娱乐化的内容已经挤占了人们越来越多的时间，以及内容生产者们越来越倾向认为，受众就是喜欢碎片化和娱乐化的内容。

但是所有这些原因都没有改变希罗多德指出的采访、记录和研究的价值——它是我们的知识积累的一部分。

尤其是那些一手的采访，可以让其他行动者受到启发、获得激励，或者哪怕仅仅知道自己并不孤独；也可以成为其他人研究或者评论的基础——至少可以通过一手的采访知道当事者究竟是如何想的，哪怕你认为他想的并没有道理。

第二个理由，是我还挺高兴做这件事情的。

每个人眼中世界上最好的工作都不一样。对于我而言，最好的工作就是可以见到那些我喜欢的创造者们，听他们分享自己的成就、经验、方法和挫败。为了避免显得自吹自擂，这个理由就说到这儿吧。

拿到这本小册子（和以后的小册子），你会看到什么？

首先，当然是第一手的长篇访谈。我会努力找到我能找到的、我欣赏和尊重的最优秀的商业实践者和价值创造者，向他提问，请他分享他的实践经验、做事情的方法，包括经历过的挫败和收获。

我自己觉得它们一定会对你有所启发。而且，我还抱有一种雄心，那就是希望它们在十年甚至几十年后，仍然能够激发读到的人。

其次，如果你愿意跟随这趟旅行，我相信你能看到一幅逐渐在你眼前展开的画卷。它不是静止的、一次性的，而是动态的、在发展的。因为在我的设想中，我希望能够跟访谈的对象保持一个长期的、以十年甚至数十年为单位的沟通，把他们的想法和实践动态周期性地呈现出来。这样你看到的会是一个正在发展的、以人为单位的商业史。里面会有成就和经验，也会有矛盾和变化——毕竟世界本身就是不断变化的，它要求实践者也要做好准备随时推翻自己。

特别感谢一下左晖，这本小册子的主角。感谢你不嫌弃我在半夜一两点还给你发信息，感谢你慷慨地跟我分享你的思考。也感谢你的同事，包括宋琦、王乙多、刘乾超和刘然在整个过程中的反馈和帮助。

最后，因为这件事情要持续做下去还挺难的，所以我想用法拉奇的一句话做一下自我鼓励：

我说我每进行一次采访都花了心血，这并不言过其实。我要花费很大的劲才能说服自己：去吧，没有必要成为希罗多德，你至少能带回一块对拼组镶嵌图案有用的小石头，和对人们思考问题有用的情况。要是错了，也没有关系。

最后的最后，希望这些文字真的对你思考问题有用，并让你得到激发，去进行自己的创造。

李翔

2020 年 10 月 20 日

| 左晖是谁 | 001 |

2020 年访谈

使命、愿景、价值观	010
"有尊严的服务者"	013
画面感和边界	022
好公司的价值观都差不多	025
做难而正确的事	028
"不愿意就算了"	035
为什么要做平台	039
"水平低到超出预期"	045
何为操作系统	051
链家 VS. 贝壳	055
"对商业做一些根本性的改造"	057
是不是在一块办公不重要	059
控制风险和提供选择	064
"不断去折腾每一个人"	067

自如、孙宏斌、阿里巴巴和马化腾　072

品质的规模化复制　078

竞争思维是低效率的　081

选人与授权　086

平台型组织的挑战　092

人都需要被激励　096

周期和资本　099

大环境和确定性　104

两次创业　109

IBM、大规模并购　115

互联网创业公司的挑战　120

"无理"的消费者、误解、焦虑　123

2017 年访谈

重公司，慢公司　133

混血　139

激励人的生意　141

信任网络　147

够大，够复杂　155

基础的标准　160

基本品质　162

商业教育　170

看人严　172

左晖是谁

左晖是一名企业家。

他创办的公司贝壳找房 2020 年在纽交所上市。截至 10 月 22 日，市值为 802 亿美元，略高于小米，是中国最大的公开上市公司之一。

他本人也在一份刚刚发布的排行榜里，被列为中国最富有的人之一。不过，我猜他对这些都不会太过在意。

除了贝壳找房之外，左晖创办的其他品牌还包括中国最大的房屋经纪公司链家——他曾经开玩笑说自己是中国最大的中介头子——以及长租公寓品牌自如等。

左晖在 2001 年创办了链家。当时他 30 岁。流传的故事说，他是因为租房被中介欺骗——这在当时非常常见，所以萌生了一个想法，要创办一家公司，解决很多像他这样的北漂用户的问题。

很难想象一个北京化工大学计算机专业的毕业生，竟然会选择去从事在当时，甚至在今天都被很多人认为有些低端和没有门槛的行业。或许可以用左晖自己经常说的一句话来解释这个选择：也许这一代中国企业家的使命，就是去解决包括服务业在内的很多领域的基础品质问题。

链家的发展过程中，能够被用户感知到，因此最经常被人提及的几个关键事件包括：

商业模式上决定不吃差价，而是依靠收取服务费或者佣金。所谓吃差价指的是，利用买家和卖家之间的信息不对称赚取价格差额，比如一套二手房以500万元的价格卖出，但是卖家只拿到了450万元，而经纪公司拿走了50万元的差价。

推真房源。此前经纪人的常见手法是用一套性价比极高的房子吸引客户，但是当客户来问时，就说这套房子已经卖出去了，再推荐其他房子。左晖要求链家的经纪人要把房子的所有信息都真实、公开地发布出去。

建立楼盘字典。所谓建楼盘字典，是指建立关于房源的数据信息，链家做了大量的线下信息收集工作。这其实为后来整个链家和贝壳的线上化积累了丰富的真实数据。

2018年，链家网开始平台化，变成一个新的品牌贝壳。贝壳也是过去几年中国商业世界最耀眼的新兴公司之一。你可能会在各种综艺赞助商或者路牌广告中看到这个名字。

今天贝壳在资本市场上受到的认可，可以说是投资人和市场对左晖团队20年"做难而正确的事"的肯定。

我自己是链家和贝壳的用户。我通过链家租过房子，也通过链家的经纪人在北京买了第一套房子。直到今天我也会经常打开贝壳的 App 看各种房地产信息。不是因为总要买房，而是因为，我在做记者时养成的习惯，就是每到一个新的城市时，通过打听当地的房价变化来判断当地的经济状况。所以，即使你不需要买房子或租房子，也可以通过各种数据的变化，来感受经济的冷暖。

2020 年访谈

日期：9 月 18 日

地点：北京东直门

贝壳找房上市一个月后（准确地说，是一个月零三天之后），左晖在北京东直门附近的一座高端公寓的顶层会所接受了这次访问。

这栋公寓楼是左晖商业雄心的物理延伸之一。一家名叫愿景集团的公司收购了这栋公寓，并对其进行了改造——愿景集团的发起人正是左晖。这家公司的目标是通过投资和收购的方式持有一线城市核心地段的地产项目，然后经过改造，让这项资产具备更高的居住和租赁价值。商业媒体第一次注意到愿景集团，是这家公司在 2018 年底以 105 亿元的价格收购了北京三里屯的地标建筑盈科中心。这是当年北京最大的一项地产交易。

跟左晖相关的更有名的两家公司是自如和链家：自如是中国最大的长租公寓服务公司；链家则可以算是贝壳找房的前身，是中国最大的房地产经纪公司。

他在 2018 年发布了一个新品牌——贝壳找房（下文简称"贝壳"）。两年之后的 2020 年 8 月，贝壳在美国纽交所上市。上市当天，贝壳的市值超过400 亿美元，跟老牌互联网巨头百度市值相当。正在大家感慨这家公司的股价是不是被高估了的时候，贝壳的股价继续上涨，到 10 月初，市值已经超过 700 亿美元，贝壳成为中国最大的上市公司之一。

我在过去 5 年内有幸跟左晖交流过 3 次，每一次，他都能带给我一些新的思考。他会谦逊地笑着，然后轻描淡写地说出一些跟通常认知冲突的话。但我事后越想，越觉得有道理。比如，他有一次说，他不要求提供的服务有多好，但是要求能够保持不差，也就是能够提供在基本水平之上的稳定的服务。再比如，他说自己发现，读书是一项最被夸大的美德。

我们在赞扬一个人的时候，尤其是像左晖这样的大商人，会很容易想到一大堆已经成为陈词滥调的褒义词。比如，他在战略上的远见，他对行业本质的洞察，他的长期主义。但是具体而言，我们是在赞美什么呢？我认真思考了一下，左晖的厉害之处，至少表现在以下三个方面。

第一，他有能力构建起一个庞大的线下服务网络。这句话中的四个词都很重要。

"庞大"意味着规模，管理 100 个人和管理 10 万个人，完全是两回事。规模本身会带来事情复杂度的变化。链家就是中国公司中少有的具备管理 10 万级别团队的公司之一。

"线下"意味着这些人都要在一个真实的物理空间中工作。

"服务"意味着这个 10 万级的团队跟用户有大量的接触和交互时间，因此需要很好的跟人打交道的能力。

"网络"意味着这个庞大团队的成员彼此之间会存在协作，并不仅仅是简单的并列关系。而存在协作，就会存在如何建立信任、如何激励协作而不是让团队内部竞争等问题。

罗振宇老师会说，这家公司是少有的能够让这么大规模的服务者感觉有尊严、因此能够给消费者提供好的服务的公司。

左晖的第二个厉害之处在于，他的公司有能力把线上和线下结合起来。

在 O2O 那一波创业和资本的狂欢中，链家曾经也是那些野心勃勃的互联网新贵们想要颠覆的对象。创业者们在资本的加持下，希望通过线上的方式撬动线下，从像链家这样的"传统"房产经纪公司中切分市场。

但是真正把线上线下结合起来的，不是任何一家互联网公司，反而是有 18 年历史的链家。除了线下能力之外，其中一个核心原因是，链家是所有这些公司中最为重视数据真实性的公司——从建立楼盘字典就开始不断积累居住的信息，并且把这些内容全部数字化。这就让消费者可以通过当时链家的网站和 App、今天贝壳的 App，直接使用大量真实的房源内容。

他的第三个厉害之处，就是在过去两年间，比较成功地让链家从一个自营业务变成了贝壳，一个平台公司。

能够完成这个跨越的公司并不多见，因为从自营到平台本身就面临很多挑战。最典型的挑战是，你要从自己动手做事服务消费者，变成通过服务其他人，让其他人来动手做事服务消费者。在这个过程中，你还要努力维持服务品质的稳定性。

这只是我的一些总结，也许你能够从他的思考里激发出自己的思考。接下来你读到的，就是这次长谈经过编辑后的内容。

使命、愿景、价值观

李翔：你有看阿里的发布会吗（指的是 2020 年 9 月 16 日天猫好房的发布会。天猫和易居中国联合发布了天猫好房，对标贝壳。淘宝和天猫总裁蒋凡说，天猫好房至少未来 3 年内不赚钱，收入全部用来补贴买房者）？

左晖：阿里的什么发布会？我没看，我那天开会，不知道在哪里看，好像也没有什么内容。

李翔：好像就是对标你们的吧。

李翔：那我们正式开始吧。首先还是想问跟价值观相关的东西。之前你在采访里反复提价值观是基础，现在贝壳公布的使命、愿景、价值观（使命：有尊严的服务者、更美好的居住；愿景：服务 3 亿家庭的品质居住平台；价值观：客户至上、诚实可信、合作共赢、拼搏进取）是从什么时候开始想要制定的？

左晖：从有贝壳就开始了。

李翔：是 2018 年还是更早？

左晖：2018 年。其实我们的使命、愿景、价值观基本上没什么变化，原来链家是有的，贝壳只是把链家的稍微做了一些调整。

那个时候调整主要是围绕两个大战略：第一是从垂直到平台，这是很早已经确定的；第二，我们知道自己肯定还会有另外一个战略，就是从交易到居住。主要围绕这两个战略，对整个使命、愿景、价值观做了修正。

李翔：有经过很长时间的讨论吗？

左晖：没有。我们最早的讨论可能是在 2009 年、2010 年左右。那段时间整个行业的发展有很多东西不是很确定，所以我们花了很长时间梳理各个利益相关方之间的关系，包括我们跟用户的关系、用户跟经纪人的关系、经纪人和我们的关系、经纪人之间的关系，等等。

花了很长时间，是因为很多事情当时想得不是特别明白。包括真房源，以及我们的信息是不是应该全部呈现给消费者，也是从那个时候开始讨论的。我记得当时得出的结论是，这个行业给消费者的信息，除了价格，全都可以是透明的。当时认为价格好像是个问题，比如卖家说售价最低是 100 万，你告诉买家，买家也不一定信。不过后来把这些都颠覆掉了。

李翔：价格也透明了？

左晖：后来是。价格要不要透明那个时候还是有过非常多的讨论的。后期的讨论主要是在居住领域，因为我们想要做的事情很明确。一方面，完成交易其实是整个居住的一部分；另一方面，我们发现，在整个住的领域里，痛点太多了，问题太多了。

我们当时主要在想一个场景：随着组织变大，我们掌握的资源越来越多，永远会有一个命题，就是这个事你干不干？有一个判断方法是，看这个事情是不是足够大，如果特别小就算了。但足够大的事，就要干吗？这跟你的使命是不是一样？所以我们在想，我们到底要解决什么问题？能解决一些什么样的最基本的问题？这些问题，不能过于狭窄，又要很抽象。所以当时就提出来，"更美好的居住"。

另外，我们一直对服务者的状况比较在意，换句话说就是对服务者的职业化比较在意。这是行业根本性的一些东西，也是非常多行业共性的东西。所以"有尊严的服务者"这个使命比较顺利地继承过来了。

只不过在具体的措辞上，主要是单总（贝壳找房执行董事单一刚）、Stanley（贝壳找房联合创始人、CEO 彭永东）和我，在我家里面碰了碰。

李翔：你指的是，"有尊严的服务者"和"更美好的居住"这两句话，是你们三个人在你家确定下来的，是吗？

左晖：是。

李翔：那是 2018 年吗？

左晖：2017 年或者 2018 年。

"有尊严的服务者"

李翔： 在你们内部怎么去定义服务者有尊严呢?

左晖： 关于"有尊严的服务者",我们非常在意的是两件事情。

第一件是查理·芒格说的那句话,你要想得到什么东西,最好的方式就是能配得上它。所以我觉得"有尊严的服务者"更多的语境是对内的,或者说是对服务者本身说的,就是他要配得上,这是一个核心的东西。

但是怎么配得上,可以说出很多事。我想说,其实很多服务行业的服务者都在对外归因,你看他对我不好或者怎么样。但我们更强调对内,我们自己做得怎么样。先要做到我们不骗别人,我们有比较好的服务精神,有比较好的交流状态,有更好的专业性,等等。这是第一个层面。

第二件是从服务的另外一面——消费者的角度来看。我们会觉得,当服务者做得还不错的时候,消费者应该给他们鼓励,给他们激励,去尊重他们。我不知道这么说是不是合适,总的来说,在中国人的群体里,或者一部分中国人的群体里,让人跟人之间能平视，实际上是不太容易的。大家的态度是，要么我仰视你，要么我俯视你，尤其是针对服务者的时候。所以我们也希望，如果服务者足够好，他没有骗你，他尽力了，消费者不用对他有那么多的苛求，也应该尊重他的职业。

这两件事情都比较重要。但是首先，我们对内，先把第一件事做好。消费者的事情，我觉得从长期来看，我们只能相信，如果我们做得好，消费者会给我们激励。当然如果从更大的文化角度来讲，我们也无能为力。

李翔：我之前听你讲过一件事情，你们的一个店长碰到有人到店里闹，就给他跪下了，然后把这个问题解决了，而你听说后很生气。

左晖：我当时不是生气，而是觉得这是让我非常惊讶的一种处理方式，是我完全没有想到的状况。之前我知道每个人的生活环境不太一样，但是从那件事之后，我更清楚地知道，我们的服务者群体可能是比我想得要更复杂的一个群体。

我一直觉得我是一个比较有同理心的人。虽然我自己的生活环境比较单纯，是中国通常序列的成长环境，但我知道中国人各种各样复杂的情况都有，我也能够理解各种各样的人。但这件事大大超出了我的预期。我就想，服务者在组织里能够得到什么呢？

我自己在进入商业社会以前没接受过什么商业教育，或者说没有接受过什么商业伦理的教育。我说过很多次，我们一开始都是在吃差价。直到消费者有了很剧烈的反应之后，才开始去反省。所以我在想，可能教育本身对人如何跟这个社会相处说得非常少，或者说得不是很务实。很多人从学校出来就直接到组织里了，组织承担的责任要比你想得大很多，组织要教会他怎么跟这个社会相处。

我想，可能当时通过跪下，那个经纪人能把这个问题解决了，但是5年、10年之后，他回想起这段经历，心里肯定不是很舒服。如果组织能够有更多的责任，能够帮助大家学会跟这个社会相处，员工就可以过得更好一些。

李翔：之后你有刻意做什么工作来推动这个事情吗？就是让他们不要再做这样的举动。

左晖：没有。因为我们觉得当组织大了之后，你看到一件事情时，要知道一定还有成千上万的，一百件、一千件、一万件类似的事情每天都在发生，并且它的表现形式可能还是不一样的。但这些事的本质都一样，就是大家的尊严感不够。第一，他的自尊不够；第二，他得到的尊重也不够。如果不能从根本上解决问题的话，只是从表现形式上说你不许干这个事情、不许干那个事情，没有意义。

李翔：当时应该还是链家时期，链家有没有做一些系统的工作，把"有尊严"这件事落到地上？

左晖：当然。还是我刚才说的，第一件事，我们先要保证大家足够值得被尊重。

我觉得人都是一样的，不管是什么样的人，不管他今天挣10块钱还是挣10万块钱，都有马斯洛五个层次的需求：除了温饱之外，有得到别人尊重、自我价值实现等需求。这些需求一定是更高维度的，当他享受到了之后，就不愿意回去了。

当然这种享受，首先你要配得上。只要你配得上，你一定就会得到。当大家这么做了之后——不管被同事尊重还是被消费者尊重——得到的体验一定是非常好的。我们提倡，首先应该被同事尊重，因为我们很在乎小B（指经纪人）和小B之间的信任和连接；然后应该被消费者尊重。一旦体验过，我觉得人的尊严感、自尊心都是会被逐渐激发出来的。就算你每天要想着下顿饭在哪儿，想着生活中那么多苟且，这些事情仍然会像光一样照着你。所以先要把同事之间的信任和尊重这件事情解决。这件事情会落到很多事情上，各种各样的事情上。

我想组织就是这样，组织的气质会发生潜移默化的很小的变化。我们总说不积跬步，无以至千里，你看一个月、看一个季度、看半年的变化总是很小，但是你看一年、看两年、看三年，它的变化就会凸显出来。甚至你看你周围同事的气质，也都会发生一些变化。

李翔：说到这种气质的变化，有没有某一个时间点，你突然间觉得不会再出现之前那种情况了？

左晖：有。其实我们真正系统性地开始做一些大的变革，是从 2008 年左右。在 2008 年以前，我们主要做的事情就是不吃差价，这是很基础的一件事。后来通过一些变革，到了 2011 年、2012 年，我好像明显感觉到这个组织发生了一些变化。

我前一段时间看吴亚军说公司不是家（龙湖地产创始人吴亚军在回复一个员工时说，"龙湖的文化反对把公司变成家！因为家不论是非，没有对错，没有优劣，只讲包容，只讲温情。如果员工怀着这样的印象或期待，一定是公司出了问题！温柔乡是英雄冢！如果给了大家家的感觉，一定要令管理层警惕！"），实际上我们很早就想到这个事情了。我印象特别深，最早在讨论的时候，单总说，我们千万不能提家文化，家的本质是不离不弃，我们根本做不到。

但是不知道从什么时候开始，我觉得很多同事变得比较亲密，信任感变得比较强了。他们之间的亲密感、信任感，他们跟组织之间的亲密感和信任感都变强了。我觉得人与人之间只要建立了信任，博弈就会变少，各种各样的状况就会变少，沟通就会变好。

我们有一个沟通的原则叫"直言有讳"，特别是做业务的人，大家有的时候沟通方式实际上很直接。我们教大家，在这种情况下，要注意沟通的忌讳。但是不管怎么样，建立了信任之后，这些事都会有些变化。更重要的是，我开始觉得消费者好像还比较喜欢我们，觉得好像这帮人说的事情都做到了，还比较靠谱。

李翔：正反馈来了。

左晖：有了这些正的循环，经纪人也可以得到更多的激励。

我在上海跟我们内部的人讲课时说，这个时代的中国人都有一种要"狠狠地成功"的状态，一种 over aggressive（过分激进）的状态，我觉得这可能是有点问题的，就像我们的眼睛是始终瞪着的。我有时候到深圳去就有这种感觉，包括我们的年会，有的时候搞得很……

但是后来感觉，我们的很多经纪人发生了一些变化，这种变化背后一定是他们的职业观发生了变化，他们的安全感发生了变化。他们可能会觉得，这个职业只要长期做下去，从财务回报等各个方面看都还不错。获得了安全感之后，他们自己也会发生很大的变化。

我们不断和经纪人说，你卖了什么房子不重要，你不卖什么房子才是最重要的；你告诉消费者这个房子该买不重要，你告诉消费者这个房子不该买才是最重要的。后来经纪人慢慢也会发现，很多正向的事情出现在自己身边。尤其是身边的这些人都做得还不错，他们会成为榜样逐渐激励所有人。当这个事情发生的时候，我知道，这个组织往前行的力量是足够大的。

李翔：你会跟经纪人沟通你对"有尊严"的这两方面理解吗？

左晖：我现在不太去做了。不过以前很长一段时间里，这是我主要的一个工作，我会在公司做非常多的培训。我最厉害的一次，两周时间在公司做了19场培训，每次大概都是5~6个小时，基本上全天都在讲。并且我的培训还不错，不枯燥，大家比较愿意听。

李翔：之前链家所有的店都是直营的，经纪人可以直接沟通。但是贝壳平台上有很多其他公司的经纪人，这种有尊严的文化能够触达到他们吗？他们能 get（理解）到这些东西吗？

左晖：一定会的。我觉得这都是常识，人都是这样的，这是人性最本质的东西，触达到他们是早晚的事情。

更重要的是，经过这么多年，我们有大量的管理者相信这个事情。这是非常不容易的，对我们来说也是比较宝贵的。我们今天大概有1万多名管理者，他们基本上都是从学校毕业就进公司，干了超过七八年的时间，都是从一开始做得不太容易、被消费者质疑，然后慢慢起来，得到激励，获得成就感，这样一路过来的。我觉得他们内心对这个事情充满了坚定的信心，这是我们最宝贵的财富，也是最重要的事情。所以我们不着急，反正就是往那个目标走。只要看准了方向，一定会这样的。

李翔： 你刚才讲到年轻人那种比较急功近利、想要暴富的感觉，其实很多人是要通过加入一个上升期的公司来实现那种"狠狠地成功"的。现在贝壳也是一个市值非常高的公司了，你会担心它将吸引很多很优秀、但确实有这种心理的人吗？

左晖： 我自己觉得这不是坏事，起码不完全是坏的事情。中国到今天为止还有这种机会，就是完成阶层纵向移动的机会。很多国家，今天已经没有这种机会了。在这样的情况下，我倒觉得今天社会上的很多观点有点矫情，就是你既要这样，又要那样，还有很多的抱怨，这是不对的。

在 10 年前或者 20 年前，所有人都在鼓励创业，鼓励拼搏，我们不太在意今天吃着盒饭怎么怎么样，吃着吃着有一块石子硌了牙怎么样。

我们今天说得不好听是发展中国家，说得好听是快速成长中的国家。对于我们这个行业，对于我们这个组织都是一样的，都是发展中、成长中。所以有这种状态（"狠狠地成功"），并不一定不好。但这种状态的确是需要管理的，不能不管不顾，不能不在意别人的感受，不在意别人的利益，不能够完全那么自我。你需要照顾到别人的感受，然后再去实现个人的抱负。

李翔： 你们公司是 996 吗？我不是指经纪人。

左晖： 我们应该不是很明确吧，但我觉得可能还好。

李翔：是一周工作五天吗？没有一周六天这样的大小周规定？

左晖：我们没有很明确的规定，但是我想可能周末还是有不少人在工作吧。

画面感和边界

李翔： 你刚才讲你们的使命还有"更美好的居住"，这是一个比较虚的说法，有具体的描述吗？

左晖： 使命可能就是一个画面，不是那么的具象。如果有一个画面感，我觉得就很好。

今天在住的领域里，我还是说，不好的事情太多了。有一次过年的时候我看朋友圈，大家回家之后都在晒家里吃什么，我就发现我们住的都不太好，好像没什么拍出来赏心悦目的。到今天为止，如何处理墙面，如何处理画等，我们好像不是很在意，或者说不是很在行。当然我觉得这次疫情有很大的变化，大家跟家里有这么长时间的接触。

具体而言，我觉得居住包括交易、租赁，包括自如做的事情、愿景想要做的事情，以及很多很多别的事情。我觉得"更美好的居住"有一个比较好的画面感，能够牵引我们去选择做的事情。

李翔： 当你提出"居住"的时候，同行尤其是整个大地产领域其他的玩家会比较介意或者恐慌吗？因为这意味着你可能要没有边界了，虽然提出使命是想要框定边界的。

左晖：我自己直到最近偶尔才略微有一点感觉，好像我们是一个比较有影响力的企业。长久以来，我不是特别有这种感觉，或者不大往这个方面去想。换句话说，你刚才问阿里和易居的合作，我的确不是特别关心这个事情。别人在做什么事情，我以前没关心过，今天也不关心。我在做的事情别人是怎么想的，我也不关心。

李翔：一点都不关心？

左晖：一直以来关心得不多。我不是说这么做是对的，可能不对。我觉得应该是要关心一下的，这是第一。

第二，它（"更美好的居住"）的确是我们想的，是很真实的状况的表达。我们对内部传递一种比较真实的力量，因为这个是组织最相信的。

第三，我们也会给自己确定一些边界，会把整个居住领域拆分成七个维度，在这几个维度里我们确定下来什么事做、什么事不做。比如我们有住宅、非住宅的拆分，今天确定非住宅是不做的，等等。

李翔：行业在担心你们一家独大，而你最近才意识到你们比较大？

左晖：对。首先需要确定一下，我们是中介行业还是居住行业。总的来说，我觉得我们今天所处的这个赛道是非常大的，巨大无比。所以我会觉得，我们好像才刚刚开始。有一年Stanley参加我们行业的一个会……

李翔：哪个行业？

左晖：中介行业，经纪人学会的一个年会。他起了一个题目叫"贝壳还小"，大家都很哗然，但这的确是我们的想法。因为我们可能看的不仅仅是收中介费或者收佣金的领域，而是更多的领域。

李翔：你刚才讲把居住按照七个维度来分，可以具体讲下都是哪些维度吗？

左晖：线上、线下；然后是住宅、非住宅；To C、To B；地域，因为中国大概有8亿多的城市人口，未来可能有10亿的城市人口，到底是更聚焦地去做，还是600个城市都要做。我们还把产业分成四个方向，制造、交易、平台、房后市场，比如开发我们就不会做。

李翔：也就是说制造不会做？

左晖：不会做制造领域。

李翔：非住宅不会做？

左晖：非住宅不会做。

好公司的价值观都差不多

李翔： 我看你们的价值观有四条，"客户至上、诚实可信、合作共赢、拼搏进取"。这是怎么确定的呢？有没有你们讨论了很久，决定不放进去的？

左晖： 实际上大家的情况都差不多，只不过每个人的表达不一样。有的公司表达更精致一些，我们算是比较粗糙的。像阿里说不要玻璃心等，跟我们讲的大体是一个概念，只不过它可能表达得更场景化、更精致一些。我觉得最终中国好的公司的价值观是差不多的。当然价值观太多了肯定不好，我们把自己认为重要的几件事放进来。

有一个难题我们讨论了很久。因为我们是所谓的 A+E（Agent+Engineer，指的是贝壳这家公司既涉及大量经纪人，也有大量技术工程师）的方式，Agent 跟 Engineer 的价值观是不是一样的？或者说我们是不是应该有两套价值观？这个讨论了很久。后来还是觉得，做两套价值观对组织来说有点复杂，所以最后只做了一套。

李翔：价值观怎么落地？大家可能比较熟悉阿里考核价值观的做法，你们也会这样做吗？

左晖：我们也会考核，并且我们考核的范围还挺大的，比如做店面的分级，大家还会有互评，等等。

李翔：这种考核，对 A 和 E 的标准是一样的吗？

左晖：不会，每一个项目都会有些解释，不同的解释。

李翔：股东、客户、员工你们会有排序吗？

左晖：我们没这么排过，但应该也是客户、员工、股东。

李翔：跟阿里一样是吗？客户第一、员工第二、股东第三。

左晖：对，因为我觉得新的组织都是一样的。

李翔：新的组织都是这样？

左晖：都是一样的。我觉得矛盾主要在于，原来可能大家觉得，作为一个上市企业，是不是应该为了股东的利益服务。今天大家，包括股东都认一个事情，那就是长期来看，你不是为资本市场打工的，不是为股价打工的，而是为消费者打工的。所以今天来看，这个排序可能都还好。

李翔：我听说阿里在纽交所上市之前，很认真讨论过要不要再提客户第一、员工第二、股东第三。

左晖：我不知道他们的背景是什么，对于我们来说，可能还好。上市前有一封我写给股东的信，他们看完之后说写得挺好，不过就有一个地方给我做了修改。我当时写的是，我们比较在乎长期的利益，宁可损失短期的利益，也会去追逐更长期的利益。他们说你是不是改一下，说我们既在乎短期的利益，也在乎长期的利益，不要让人家觉得你要损失短期利益。我说那好吧。中文版里面应该没有改，在英文版里，给老外看的改了。

做难而正确的事

李翔：你们总说的那句话，我真的蛮有感触的，"做难而正确的事"，这句话你是从什么时候开始提的？

左晖：具体什么时间我忘了，大概 2007 年、2008 年左右吧，因为核心就是这样。

怎么说呢……大家都在追逐一些商业上的成功，我们很早也在讨论到底什么是成功，什么是让我们自己内心深处比较愉悦的状态。其实有各种各样的方式能够成功，特别是我自己觉得，中国发展太快了，不太需要做什么事情就可以……中国过去 20 年里 GMV（gross merchandise volume，成交总额）增长了40 倍，核心就是你要赶上，你运气别太差，你别死掉了。甚至死掉了都没关系，还能再活一遍，你只要赶上了就可以。但是这个真的能带来愉悦感吗？或者说真的能换来长期的愉悦吗？我觉得很难说。我们做了这种生意之后，很快就会面对这样的一些挑战。

我上中学的时候练跳远，有的时候就觉得练得很沉重，有的时候不知道怎么搞的，就觉得很轻盈。组织也是一样的。组织比较好的状态就是它很轻，组织内没有什么博弈，大家高度统一，但实际上很有质量。

当我们确定清楚很多基本的事情之后，比如 2004 年起不吃差价，比如当时我们不招同行的人……看起来都很笨，都很傻，但是我觉得这个组织很有力量，也很轻。

从那之后，2004 年到 2007 年，我们跑得非常快。当然在快的过程中会积累很多问题，这些问题都是我们没办法认识到的。2007 年，我们跟好旺角（好旺角房屋，东北地区最大的一家房屋中介公司）有一个一年多时间的合并。到了 2008 年，我们第一次面临市场下滑，整个组织各种各样的矛盾都冒出来了。当时好旺角的经营能力比我们要强很多，我说我们要向好旺角学习很多，链家的同事很不开心，说我们这么厉害，干吗天天要学好旺角呢？各种各样的质疑都有。当时我有很深的一种感觉，就是外部发生任何事情都没关系，主要还是内部的事情要处理好。

2016 年上海有一个客诉事件 ① 对我们影响非常大。我们当时做的第一件事情就是，先对内部员工解释清楚这件事是怎么

---

① 行业称为"链家 2·23 事件"。2016 年 2 月 23 日，上海市消保委通报了两例链家消费者在交易中遇到的问题，引发了媒体对二手房屋交易规范性以及背后金融操作规范性的讨论。之后甚至有报道说链家在 24 日晚间下架了所有上海二手房房源。5 月左晖到上海对区域总监发表长达 3 个小时的讲话，讲话里 4 次问台下同事：我们的消费者喜欢我们吗？

回事。我们当时很清楚，内部非常重要。

在整个过程中，我们都会做大量的反省，包括当时请 IBM 进来（指的是请 IBM 来为链家做战略咨询服务），都是在这么大的背景下发生的。我们开始思考自己到底要去哪儿，到底要做什么事情，到底要把这个组织变成什么样子。

当时比较清楚的是，我们应该创造出核心的价值，所以提出来很多东西。比如我们第一次去外地，到天津，然后第一次提出，天津有我们和没有我们到底有什么区别？实际上背后就是说我们的核心价值到底是什么。但是当时只提了一个粗糙的问题，没什么答案，答案是后来不断梳理出来的。

"做难而正确的事"大概是在这么一个过程和大的背景下提出来的。行业还是在高速成长，只不过中间有一个小的坎儿，而我们在整个过程中发现自己的一些优点，同时也发现自己有大量的问题。在发现这些问题的情况下，我们对内做了大量的反省，就是我们到底要怎么样、到底想干什么。到 2007 年时，我自己都三十六七岁了，我相信自己足够成熟到可以去思考这些事情了。

李翔：有没有一度觉得这个事太难了，选错行业了？

左晖：其实一直有这样的想法。后来我问了一下大家，很多人都是这样的，如果重新选，都不会选这个行业。人都是看别人的事容易，看自己的事难。

李翔：芒格说世界上的事分三类，正确的、错误的、太难的，我们一定要做正确的事，剩下的事不用干。

左晖：我觉得我们这个"难"跟他那个"太难"是不太一样的。芒格的"太难"是说目标过于有挑战性，而我们这个所谓的"难"，主要是两个维度的状况：第一就是你要创造价值，如果不创造价值，仅仅获得结果没什么意义；第二是你在选择路径的时候，要选难的路。

我觉得战略是一个确定地点的事情，首先你要知道 A 在哪儿。很多人描述不清楚 A 在哪儿，就是今天你到底在哪儿是不知道的，当然就说不清楚 B 了。确定了地点之后，有无数条路可以过去。在选择路径的时候，有容易的路，有难的路，我们往往选择难的路。怎么说呢……选择难的路，成功的几率其实是更高的，这也是我们今天的认识。我觉得可能更主要的是这两条理解。

李翔：我看你的采访，包括你之前也跟我讲过，你特别喜欢讲一句话，就是这 10 年来想的事情都没怎么变过。这些事情如果要说出来是什么？是那个使命吗？

左晖：我最近在看《剑桥中国史》，发现我们学历史全都学的是断代史，一个阶段一个阶段的历史。但我们不太追究历史背后的线，不太追究背后是不是有一根线连着一些事情。所以讨论商业的时候，大家往往问的问题都是，你们在整个发展过程中大概经历了几个关键的阶段、有什么关键的节点。每次碰到这种问题，我都很无助。起码我不太想这个事情，或者说我关于这个事情没什么想法。因为在我的认识里，好像公司发展是比较代数曲线过来的状况，是比较平滑的状况。

李翔：是一个"长"的过程。

左晖：对，是"长"的一个过程，不是不断栽一棵棵大树的过程。我们只不过在不同的时间里做不同的事情，但是这些事情都围绕着一个大的方向。这是我感觉的一种状态，是我认为的一种状态。

李翔：所以可能没有特别具体的所指？

左晖：对。对于愿景，没有什么具体的所指。因为我自己觉得，商业最主要的就是你会被一种画面感激励。在做这个事情之前，你心里面会有一种画面感，这种画面感如果能够实现的话，你觉得自己会得到非常大的满足，非常大的激励。

李翔：那个画面感是什么？

左晖：可能就是使命吧。

李翔：所以"画面感"不是"画饼"。

李翔：这家公司的价值观跟你个人的价值观是高度一致的吗？你的价值观有投射到这家公司上面吗？还是会有些补充和删减？

左晖：一致性我觉得还是非常高的。但有的时候作为一个企业的创立者，你可能很难分得清楚这些事情。我们自己的成长也在促使企业的成长，企业的成长其实也反过来滋养我们自己发生很多的变化。你很难说谁是谁，或者很难去甄别哪个是主体、哪个是客体。

李翔：你刚才讲的一句话我印象还挺深刻，你说你们讨论什么是成功，这是跟谁讨论的？

左晖：就是我们 2008 年找 IBM 过来，当时主要做了三个比较大的项目：第一个是公司的战略；第二个是使命加价值观、愿景；第三个是我们的 IT 战略，就是我们的战略要落在 IT 上。第一和第二个项目衔接得非常紧。第二个项目我们找了非常多的人，不仅仅是 IBM，还找了韬睿咨询（全球最大的管理咨询公司之一）等各种各样的公司过来共同谈。

在那个时候，我们的讨论是非常密集的。2008 年、2009 年、2010 年这 3 年，我们的工作强度实际上非常大，我几乎每天晚上都要到一两点钟才回。我那个时候还有一个执念，就是早上 9 点钟我必须得坐到办公室。今天想起来，可能这是错的，但是当时非要这样要求。2010 年的时候，我们办公室在朝阳门昆泰，我家住在新城国际，开车可能也就 10 分钟，但我很多时候都住在昆泰酒店，睡一觉，节省路上的时间。当时花了大量时间来讨论这些我们今天认为非常重要又非常本质的事情。

李翔：理解什么是成功，感觉是很文艺的一个话题。

左晖：对，但对我们来说是很实际的。因为当时面临很多矛盾，这些矛盾既有内部的，也有外部的；既有消费者给你的，也有同事给你的。组织在变大，但是内外部的矛盾在变多。

我会经常组织公司搞价值观研讨会等。搞了那么多次活动，我自己唯一一次当众痛哭，是在 2008 年 1 月份，当时完全控制不住。后来我想，可能还是压力比较大，各种各样的矛盾，当然触发是因为一件小的事情。他们都很惊讶，觉得跟我平时不太一样。

所以对我们来讲，那是一个很现实的状况，很现实的一个命题，就是你到底想要什么。

李翔：触发的小事是什么呢？

左晖：我不太记得了。好像就是大家对我们内部的一个管理人员有些不满意，我对他们这个不满意很不满意。

"不愿意就算了"

李翔：我不知道你有没有思考过，你身上有哪些东西是没有投射到这家公司身上的？比如你身上有一个特别大的优点，但这个公司没有。

左晖：我不是一个非常较劲的人。怎么理解呢？就是我很长时间，包括今天也是一样，没有什么公司老板的感觉。

有的时候我到其他公司能体会到他们那种浓浓的主场的感觉，我好像没有。在组织面前，我好像永远是一个客体，或者说我起码愿意扮演一个旁观者来看它。在这样的状态下，我不会非常想要把我的意志在这个组织里面实现或者怎么样，不是非常有这种动力，但是我会坚持很多事情。大家如果不愿意的话……不愿意就不愿意吧。

李翔：不愿意是一个什么样的结果呢？不愿意也得接着干，还是说不愿意就算了？

左晖：不愿意就算了。

历史上我们做了很多并购，我觉得还是比较成功的。有一个根本的原因在于，我们还是给每个人足够大的空间。谁给大家足够大的空间？我觉得主要是我，就是我没那么较劲儿，不是什么事情非得要怎么样。

李翔：刚才讲的你对这个组织有一种客体感，它让你更容易抽离出来看这个组织。这种东西是天性吗？因为这其实挺难的。

左晖：我不知道，但是我比较享受这样一种状态，会让人比较客观，或者说能比较快速地进入客观的状态。

我觉得在发展过程中，你很难客观地去面对一些事情。面对不容易的时候，组织会产生很多莫名其妙的情绪，这些情绪都是干扰组织前行的。比如你面对一些竞争力量的时候，当你处于上风，你觉得自己很厉害；当你处于下风，你会觉得对手做了很多坏事，无所不用其极。但实际上市场在竞争过程中发生了一些事情，都会有它的道理。如果你自己身在其中的话，会受很多情绪的干扰。如果能尽快抽离出来，自己就会变得客观一些。

李翔：这还挺厉害的，很多人都做不到这一点。

左晖：我觉得我相对来说这方面还挺强的。

李翔：柳传志之前讲过，要训练跳出画框看画的能力，这是要训练的。

左晖：大家总能把这些词记住（笑）。

李翔：你刚才讲，有些你坚持的东西大家不愿意就算了，能举一个例子吗？

左晖：太多了。我们今天在做的很多事情，其实都是很早就提出来的，但是大家不愿意做。比如真房源，2008 年、2009年就开始提，但我们真正做的时候是 2011 年，屡次地往后推迟，有各种各样的情况。

李翔：同志们想了 3 年，觉得还是这么干吧，是吗？

左晖：对。包括今天我自己觉得很多很重要的事，基本上是一些战略的事情，很多人会觉得也没那么重要。但今天在使命、愿景这些事情上面大家都高度融合。战略的一些事情，如果大家认为不重要，就先放放。

李翔：你也不着急，是吗？

左晖：关键着急也没用。今天基本上我也不再管公司的管理了，我们的状况是，谁做这个事，谁最终来负责。

李翔：你会提出建议，他们来思考要不要按照这个去做吗？

左晖：我一直觉得这是一个非常好的状态，就是当大家不听我的时候，我才敢去提。如果我提什么大家都听，我就不太敢提了。实际上，我们今天就是这么一种状态。

李翔： 你们什么时候进入这种状态的？

左晖： 很早了。我会很信任这些同事——当然，首先你要值得被我信任。当你过了我这关——我觉得是不太容易的，那我会非常信任你，不管大事小事，不管是高阶还是低阶的事，都会交给你来做。

比如今天的采访，我说问一下李翔介意不介意，我无所谓，这就是我的观点（采访当天早上，左晖发现自己有一些感冒症状，让同事电话问我是不是介意，如果介意的话就推迟见面）。最终怎么决定，我觉得完全不取决于我，我把我的观点说出来，你来定。定完之后，我的工作就是坐到这个位置上，回答你的问题就好了。很多事情都会这样。

为什么要做平台

李翔： 2017 年我们见面的时候你就说，2017 年的重点是做平台化。其实当时链家是非常成功的，为什么一定要从垂直到平台？当时你思考的逻辑是什么？

左晖： 很多事情归结起来，还是从使命（有尊严的服务者、更美好的居住）里面过来的。

我们一直希望整个行业向一个良性的方向发展，希望经纪人得到尊重，希望这个行业也得到应有的尊重。实际上，当时在全国发展过程中，所有人都觉得我们还不错，消费者觉得不错，同行们也觉得不错，很多人都跑到我们公司里来学习。但是我印象很深，后来我参加中介行业搞的活动的时候，气氛跟原来不太一样了。我去参加活动时，命题就变了。

李翔： 因为你而不一样？

左晖： 对，命题就改变了。原来大家可能会希望听我讲一些东西，听听我是怎么做的，等等。后来变成了，你要到我的城市来的话，我该怎么办？

李翔：就是你来了我还怎么活。

左晖：对，后来变成这样了。

很多从业者实际上处在一个中间状态，他们知道像链家这种做法也许是对的，是代表未来的，他们可能会愿意往那个方向走，只不过决心没有那么大。但是我们很快发现，在任何城市里，他们如果学我们，根本干不过我们。

李翔：就是用一样的方法，但干不过链家？

左晖：是的。他们只能用另一个方法，就是向我们相反的方向走，也许还能成。所以我们当时就说，我们到底是在促进行业进步还是在促进行业退步？也会想，我们有没有能力去帮助大家成功，等等。

带着这些问题，我们 2011 年就开始了第二波全国化。我们去南京、成都、上海等地方开分公司，这些问题很快就出来了。比如当时在成都，我们跟阿甘（贝壳 COO 徐万刚，原成都伊诚地产老板）的伊诚打得很厉害。

阿甘是一个价值观很正的人，大家的竞争相对来说还比较良性，但是也发生了很多问题。我们那时候帮助阿甘做了一个项目，项目领导是单总，我们用了很多种方法，后来发现还是有一些问题。

所以那个时候开始考虑平台化，只不过一开始不太敢。2015 年才有了我们的全国并购，我们想先通过并购去试试。

李翔：当时你怎么帮他？你们还在同一个市场？

左晖：还在同一个市场。

李翔：没有股权关系？

左晖：有一点，我们当时大概占到20%。

李翔：帮他是把你的方法输出给他？

左晖：对。

李翔：后来两家公司竞争的状况是什么样子的？

左晖：竞争状况仍然很激烈。

李翔：有一种自己打自己的感觉，是吗？

左晖：对。当时其实两家都很小，并且阿甘他们一开始做得很好，但是我们有在行业里研究的大量方法，用我们的方法来看，他们太差了，一大堆毛病。所以我们就进去跟他说你哪里不好。

李翔：为什么链家在杭州就做得没那么好？我们开玩笑说，因为在杭州链家没有那么强，所以阿里不太知道你们的厉害。

左晖：杭州我爱我家很强。杭州我爱我家跟我爱我家是两回事，我觉得是两个组织。杭州我爱我家历任的管理层都很强。如果这个市场里面真出来这么厉害的一拨人，其他人想进去打打的话，除了今天贝壳这种方式，我觉得很难。

我们把杭州作为一个重点城市来打，拿不下来，我觉得主要还是他们强。当然，即便这样，杭州我爱我家也很难抵挡贝壳的挑战。

李翔：我相信很多人会认为，当年的链家开始做平台、做贝壳，是因为想要获得一个更高速的增长，想要更大的想象空间、更高的市值。是这样吗？

左晖：市值我没有想，但组织发展的空间肯定是我们要想的一个问题。

当年我们跟搜房有一个从合作到分手的过程①。实际上在很多年前我们就判断搜房会到线下来，因为我们知道，这个领域是非常小的，包括今天的 58 同城也是一样。当时佣金市场规模可能是一两千亿左右，就算两千亿；搜房做的导流在这个市场大概就占 5%，100 亿，而搜房当时已经干到五六十亿了。所以我们知道，它肯定要到一个更大的市场，到一个两千亿的市场里面折腾，这是必然的。我从来没觉得搜房这么做有什么问题，但是你这么做，我们就不能跟你一块玩了，这是两回事。

当时对我们来说也是一样。佣金是一个两千亿左右的市场，链家当初也有比较大的体量，我们一定会为自己的未来考虑，

---

① 2014 年 10 月 23 日，链家发内部信给全体链家经纪人说，"经过公司长期和谨慎的思考，最终决定，从 2014 年 11 月 1 日起，北京链家全面终止和搜房的合作"。

我们要从平台角度，从居住领域的角度，从更大的视野来考虑这个问题。但这方面的考虑不是主要的，因为这个市场还很大。

李翔：你们知道搜房一定会做线下，但还是会选择跟搜房做线上的合作，直到它开始做线下才分手？

左晖：是的。因为我们不担心。

李翔：2017 年开始做平台的时候，你们内部会有反对的声音吗？

左晖：会有，反对的声音更早就有了。我们讨论这个事情很久了，从 2014 年做链家网的时候就开始讨论，到 2015 年全国并购的时候被正式拿出来谈。

我们并购有一个很重要的细节。每个创始人都对自己的品牌有很多感情因素，所以我们当时提出，可不可以不用"链家"了，大家都用一个新的品牌，是不是这样感受好点？但后来还是觉得有问题，当时链家线上已经比较强了，如果放弃了非常可惜。当时大家提了很多平台化的想法，只不过觉得好像时机不太好。

李翔：当时做平台化属不属于你坚持，但是团队不愿意，过了几年才愿意的案例？

左晖：平台化这件事情反对的势力没那么强大，反对的人也没那么强大，一些主要的同事都支持。内部比较反对的是王博士（现链家 COO 王拥群），但是他在我们内部"口碑不太好"。比如我们当年定公司 logo（徽标）的时候，A 和 B 到底选什么，怎么都定不下来。后来大家说王博士选一个，他说选 B 吧，然后大家很开心，好，那我们选 A（笑）。

还是有一些人不太看好这个方向，但我们当时下的决心比较大。

李翔： 反对的理由是什么？有说服力吗？

左晖： 我觉得太有说服力了，链家成功的都是那样一些东西，我们用子弟兵，我们用自己人，我们坚持最高品质的标准、最高品质的服务，我们用品质去赢得正循环。[①]

李翔： 如果是反过来，先做平台，再做自己的业务，这样的路径可能吗？

左晖： 不可能，先纵后横这个是确定的。今天所有先横着做的人都没戏。

李翔： 淘宝不就是先横后纵吗？

左晖： 我觉得产业互联网跟消费互联网还是有很大的差别，产业互联网要更复杂一些。

---

① 平台是要通过一套规则，让其他人、组织去给客户提供高品质服务。某种程度上这跟自己做的逻辑是完全不同的。

"水平低到超出预期"

李翔：从自营到平台这个过程里，你们有踩过哪些坑吗？有哪些坑是你预料到的，有哪些坑是你没有预料到的？

左晖：基本上都预料到了，但是对于它的强度我们都没预料到。

李翔：强度没有预料到？

左晖：对。判断基本上是预料到了。平台发展无非要在三件事情——规模、效率、品质上面有一个平衡，最重要的是要有一个正循环产生。并且我们知道，它一开始的时候会很难。一开始加入的无非就是两拨人，一拨是我们的粉丝，一拨是快干不下去的人，把我们当 ICU 看。但是整个行业平均水平之低，仍然超出我们的预期。

李翔：在这个行业干了 18 年，还是超出预期，是吗？

左晖：虽然我对行业的平均水平没有特别高的预期，但是这个低的程度仍然超出我的想象。

后来我们也在反思，为什么低？换句话说，它并不比十几年前我们刚开始做的时候高。这十多年行业没有什么进步，为什么？当然，从这里面我们也看到了很多价值，有了更多的信心。

但我们的效率提升仍然非常艰难，内部也有非常大的挑战。原来我们自己的组织的确有一些优点，比如很早就尝试把经纪人当成客户看，但那时毕竟是直营的体系。当要真正面对很多客户的时候，感受还是会有非常大的差别。

并且我们自己实际上没准备好。当时各种各样操作性的问题，比如一个门店、一个团队要并网①，把房源打到里面来等，各种各样的问题，非常多。

李翔： 外部挑战是行业的水准比较低，内部挑战是什么？

左晖： 准备得不够。但是我们内部相对来说一致性非常高，团队的战斗力还是蛮强的，非常艰苦的时候，大家仍然能扛得住。

我今天印象都很深，我有一次到重庆开会，跟当时重庆的负责人一块吃了个早饭。他当时非常低落，但是仍然很坚定。尤其在 2018 年下半年的时候，团队真是咬着牙往前顶着，真是不容易。

---

① 并网指的是参与到贝壳平台的经纪公司，需要把自己已有的房源信息合并到贝壳平台已有房源信息的网络中。在并网过程中会因为使用的数据格式、软件标准等差异，产生很多问题。

李翔：他低落的原因是什么？是因为贝壳冲击到了链家直营，链家当地直营做得不好吗？

左晖：他当时已经在干贝壳了。

当时为了尽快上规模——因为我们知道，这个事情如果在短期内获得不了足够大的势能会很麻烦，我们必须很快形成一个比较大的规模。为了形成规模，我们当时能够发展规模的组织都是独立的，比如德佑是独立的一条线，链家是独立的一条线，KA（key account，重要客户）是独立的一条线……这些线是实的，城市的线反而是虚的，对城市的管理者会带来非常大的困扰，这是第一个。第二个是，我们提到要规模的同时，效率和品质不能坍塌式下滑。

李翔：可以下滑，但不能坍塌式下滑？

左晖：不能崩掉，崩掉是有问题的。我觉得大家在这方面的压力都很大，这个事放到城市的负责人身上，带来的压力实际上是很大的。当然可能还会有别的，但我觉得主要是这两个因素。

李翔：当时你们为了短期内让贝壳这个品牌的势能迅速上去，做了哪些工作呢？

左晖：主要还是规模方面，无非就是流量。我们虽然不太在乎流量，但是大家比较在乎。我们不太在乎广告，但是大家比较在乎。

李翔：大家是谁？

左晖：就是你连接的这些人，他们比较在乎。今天我觉得没有这个问题，大家都会觉得贝壳的流量不错，说贝壳的流量质量非常高，商机转化率非常高。所以大家今天只会觉得，干得不好是不是我没有做好？但那个时候并不是这样，大家都觉得，我连接到贝壳上面来，贝壳要有流量给到我。

我自己觉得流量根本不重要，并且流量在我们这么低频交易的行业里面不会造成短期拉升的状况。但是大家并不是这么想的，当你的广告出现在他身边的时候，他会感觉比较安全、靠谱。当时打世界杯广告什么的，我说那根本不应该是我们干的事情。

李翔：广告相当于打给平台上的公司看的。

左晖：对，给大家信心，但是当时这个信心又很重要。

李翔：你刚才讲强度有些出乎你的意料，有具体的例子吗？

左晖：我们知道内部可能会面对很大的压力，但连个网都很费劲，仍然超乎我们的预期。基本上每家公司都会有一个电脑，都会有一个系统，都是一样的，但是里面的质量之差，实际上是远远超过我们的想象的。要想做一个房源的筛选，特别是有链家的城市怎么去重①，角色怎么重新分配②，这个比我们想得要复杂得多。

当时有两个数据，一个是签约的店面数，另一个是连网的店面数。我们很长时间内签约的店面数这么多，连网的就那么点儿。就是前线已经签约签完了，但是连不了网。都是这些非常小的事情，但各种各样的压力非常大。

当时 Stanley 的做法就是，你不要给他提新的事，他没有任何兴趣，他要先把这件事情搞清楚再说。

李翔：不能提新需求？

左晖：对。

李翔：如果我是一个经纪人，我要把我的房源搬到贝壳上，需要经过什么流程？你们怎么来检验我的房源是真实的呢？

左晖：这就需要提到操作系统的概念了。操作系统最核心的是解决输入项和输出项的问题，但以前连基本的输入项问题都没有解决，这也是原来行业里面为什么没有一个操作系统的原因。

我们今天可能还做不到让一个经纪人能够无缝连接到这个

---

① 去重指的是重复房源信息的合并。
② 角色重新分配指的是围绕房源，各经纪人在协作中扮演的角色如果有重合的，比如都录入了同一套房源，该怎么重新分配。

平台上面来，但是我们直接能做到让一个门店无缝连接到这个系统里面来。

原来你想去开一个店面做房地产经纪的生意，我觉得是不太可能的，或者说你的起步期会非常长，你也很难形成竞争力，今天我觉得完全不是这样的。贝壳实际上为这个行业提供了基本的操作系统，就是我们可以做到，得到这个输入项一定会有输出项，这个是非常确定的。一个门店进来之后，它的输出是有标准的，是有品质的要求的，包括我们隐含着对他的经营状况有些承诺等。① 今天我们基本上能够达到这个方向，的确能做到。

李翔：就是说有一套检验数据真实性的方法，是吗？

左晖：对，就是你不真实，我也会提要求，让你变得真实。

---

① 左晖在这里强调的操作系统这个概念，通俗的理解，比如计算机的系统，就是输入 1+1，一定得出 2 这个结果。或者再打个比方，一个小朋友接受了从小学到高中的教育，我们的教育系统就会把他变成一个能说会写、有基本推理能力、基本讲道理的成年人。经营状况承诺，大意指的就是你按照平台的规则去做，在某个时间段内会得到某个结果，如果达不到，平台会给你一个解释或解决方案。包括左晖后面提到的门店业绩温饱线等，都跟此相关。

何为操作系统

李翔: 在你自己看来,贝壳这个公司、这个平台能够立住或者成功的标志有吗?会有一些显性的标志吗?

左晖: 我们就是三个目标。

第一个是行业的效率水平。我们提的目标是,行业店面年度 GTV(gross transaction value,总交易额)的 base line(底线),也就是温饱线,是 5000 万 / 年,middle line(中线)是 1 亿 / 年,我们希望大家达到温饱线。

第二个是行业总体的 NPS 值①能到 30% 左右。现在可能都是负的吧。

第三个是经纪人的平均从业时间。现在可能大概只有六七个月,我们希望能够到 30 个月左右。这个目标衡量的是经纪人的职业化。

李翔: 是针对在贝壳平台上的所有公司的?

左晖: 对,不仅仅是对链家。

---

① 客户净推荐值,即一个客户在购买产品或服务后会向其他人推荐的比率。

李翔：你提的贝壳的操作系统包括什么？

左晖：操作系统的核心就是解决输入项和输出项的问题。

这个行业长久以来为什么没有进步？就是真正干活的人在这个行业里面留不下来。换句话说，经纪人和店长很难长期执业、长期服务。这还是因为刚才说的几件事，效率水平很难有确定性的提高。今天做得好，也许是市场比较好，明天做得差了，但可能跟人真的没关系。经纪人的工作不是以消费者为根本，都是以成交为导向的。经纪人都是做了今天没有明天的，都是单次博弈的一种状态。

但是理论上来讲，达到一种新的状态到底应该怎么做，好像没有人能够真正知道。或者说经纪人想这么做，应该怎么办？除了经纪人归属的这个品牌在一点点教他，还有没有别的办法？大家原来是没有什么方法的。

我想贝壳实际上给大家提供了这么一个东西：我提供一个插槽，只要你愿意插到这个插座里面，按照我的规则走，你的输入项在这里，你就能得到想要的结果（也就是输出项）。

所以我们关注每一个店连网以后，3 个月、6 个月、12 个月、18 个月的成绩变化。这都是我们非常看重的东西。

李翔：那经纪人要怎么做呢？

左晖：我们内部有大的规则，包括 ACN（agent cooperation network，经纪人合作网络）的规则，以及我们对门店品质的要求等，非常多。大家都要按照规则来。

李翔：一个已有的门店按照你提供的规则来，是不是要付出比较大的成本？

左晖：会付出一些。这个成本我觉得更多的是认知成本：我原来并不是这么干活的，今天必须按照这种方式去干活；原来不是把所有信息都发布出来，今天要把信息都发布出来；原来不太会线上跟消费者交流，今天要即时和消费者交流——我们内部有一个要求，IM（跟消费者交流的工具）的即时响应率要达到24秒的标准。原来大家没有这种管理的概念，有各种各样的情况，我们都不会放过。

李翔：在你们的实践经验里面，这种比较大的认知差是什么？

左晖：还是大家真正相信什么样的事情。

比如我们相信做好品质就能赢。

我们相信数据的浓度会决定未来消费者的选择。就是必须得让每一个单位的信息浓度足够大，而且这种浓度要体现在真实性上面，然后我们每个人要在上面添砖加瓦。[1] 只要我们每个人把信息都贡献出来，浓度足够高，消费者就一定会选择。

---

[1] 指的是比如关于房源信息的真实性和详尽性。越真实越详尽，就越有助于消费者决策。

我们相信合作会赢。

我们相信经纪人主权、消费者主权的崛起。

我们相信这些事情，你也必须要相信，因为每个人行为背后都是自己的一些信条。原来传统行业带给我们最大的冲突在于，大家背后相信的事情有很大的差别。

链家 VS. 贝壳

李翔： 你们开始做贝壳之后，一下子有了改造传统行业的痛苦感了，是吗？

左晖： 对。

李翔： 之前自己做不觉得？

左晖： 是。当然，这种痛苦感也是一个机会。

李翔： 贝壳的操作系统跟之前链家的操作系统有什么相同与不同呢？

左晖： 肯定是做了很多进化，面对自己的员工跟面对自己的用户，肯定会有很大的差别。

原来我们没有陪审团的制度①，陪审团实际上是对 ACN 的补充。ACN 当时做了很多规范性的东西，但大家就是有分歧，怎么办？我们会认为，虽然 C（消费者）跟 B（经纪人）是单次的博弈，但 B 跟 B 是多次的博弈。B 跟 B 是非常熟悉和了解

---

① 贝壳的陪审团是指，一个经纪人代表组成的组织，对经纪人之间、经纪人和其他合作部门之间产生的争议，以集体商议的方式来最终决策、判定。

的，尤其在同一个商圈里面，每一个经纪人是怎么回事，这张单子是怎么回事，这个房子谁看过、谁没看过，过程中发生什么事情，他们都非常清楚。我们相信这件事，也相信大家坐下来，坐到一块，一定能把这件事情讲清楚。

当时链家就已经有陪审团制度了。但是在一个高度一致性的组织里面做陪审团，和在一个真的是你用户的组织里面做陪审团，肯定是不太一样的，肯定经过了不少的迭代和变化。

李翔：其实当时链家已经把经纪人当做一个小 B，现在平台上的公司也是一个小 B，这两个小 B 的差距、差异会是什么？

左晖：差异肯定是比较大的。我想说这是一体两面的事情。如果我们当时不把链家的经纪人当成小 B 去服务的话，今天不可能有贝壳。但是今天贝壳上的小 B 对整个组织的概念和链家经纪人当时作为小 B 对组织的概念仍然是不一样的，挑战仍然会非常大。

我想，从垂直业务到平台业务，真正的坎儿实际上是从一个完全 To C 的业务到通过 To B 来 To C 的业务①。我们比较好的地方在于，原来已经有了基础，走了 0.5，相当于把原来的经纪人已经当成 0.5 的小 B 了，但是它跟 1 还是有一定的差别。

---

① 指的是通过服务 B 来服务 C，而不是自己直接服务 C。

"对商业做一些根本性的改造"

李翔： 平台化怎么运营的知识你是怎么获得的呢？

左晖： 我没有知识，完全没有这方面的知识，都是做出来的，打出来的。

李翔： 市面上已经有些平台公司了。

左晖： 我觉得我比较"反动"。我总会觉得，大家不断地互相学习、借鉴，因此真正成功的组织的成功密码是非常简单的，但是又极其复杂。一个成功的组织就是一两件事情成了，但是你要把这个事情做成很难。

我觉得我们今天好像都偷懒了，要去问踩了哪些坑。但这个坑毕竟是他踩的，你自己没踩过，你听的跟你碰到的差别是非常大的，或者是完全不一样的。你有那个功夫到处去打听，还不如自己去干。你干了肯定会碰到一些事情，别把自己干死就行了。

别把自己干死，我觉得是有些基本的方法的。

李翔： 比如呢？

左晖：比如你肯定要做对的事情，这是第一。第二，你的钱足够厚。有些事情是有迹可循的。

李翔：我之所以这么问，是因为你在采访里经常讲操作系统、基础设施，这其实也是阿里巴巴经常讲的东西，我以为你们会有一些交流、借鉴。

左晖：坦率地说，我们真的不太去看别人。

李翔：不感兴趣？

左晖：我们处在一个商业大变革的时代，传统产业都还没怎么发展好，又面对着互联网、AI、移动等各种各样的状况，所以今天就是一个新的组织不断诞生的年代。前 20 年和后 20 年都是这样。塑造这种新的组织就给你提供了很多机会，你有机会对商业做一些根本性的改造。这些根本性的改造可能在工科的人眼里面，无非就是这样一些词汇而已。还能有什么词可以互用的？

李翔：理解，反正就是这些词可以用。

是不是在一块办公不重要

李翔： 链家的直营线下业务现在跟贝壳的分开运营吗？

左晖： 当然是分开运营的。

李翔： 管理这两个公司应该是很不一样的，是吗？

左晖： 完全是两拨人，链家有自己的运营团队。

李翔： 对于你自己呢？

左晖： 坦率来说，我今天很少关注链家的事情了。第一个原因是链家已经比较成熟，第二是这个团队的进取心非常强。

我前两天看到他们开会培训时的很多状态，还是很受触动的。大家都坐在地上，都在记笔记，所以我觉得这个团队今天的进取心很强。我可能就关注的没有那么多。

李翔： 他们会有失落感吗？作为一个曾经养活全公司的业务。

左晖： 我觉得他们不养活全公司，一开始做贝壳的时候会有一些。原来行业平均水平跟链家平均水平的差距是非常大的，所以每个人的品牌自豪感、团队荣誉感是非常强的，对组织也非常有感情。我们链家的人不管是在职的还是离职的，出去的人很少有说公司坏话的。

但是做贝壳的时候，一个很重要的事情就是把行业的水平拉到跟链家一样。我们当时对链家提的一个要求是，贝壳把大家拉到 60 分，但是你要做到 80 分。

不过，我想可能对他们来说，有这种失落感也很正常。

李翔：链家要拼命地往前跑，贝壳的水平要追上链家，是这种概念是吧。我其实想问的一个问题是，是从链家长出来了贝壳，还是在链家旁边长出来了贝壳？是延续性更强吗？

左晖：延续性更强。

李翔：不是另起一摊？

左晖：对，延续性更强。

李翔：但是贝壳要专门再选一个办公的地方，像创业那样做。

左晖：当然了。但是我觉得它整个理念、精神、文化、工具都是从链家出来的。

李翔：那为什么不在一个地方办公呢？

左晖：是不是在一个地方办公不重要，只不过今天的确没在一块。

李翔：你不是故意的，是吗？

左晖：贝壳也分散在各种各样的地方。我们在上地，没有自己的楼，也没有人给我们一块地什么的（笑）。

李翔：贝壳当时不是特别设计的，就像很多公司搞内部创业一样，一定要在另外一个地方做一个东西？

左晖：不是。

李翔：分散在不同的地方办公，对团队的管理、文化会有挑战吧？

左晖：会有，但是也没办法，这么多人能在一块的话最好，给我们批一块园区……（笑）

李翔：有什么办法来解决这个问题吗？

左晖：能怎么办呢？

李翔：我的意思是，你们会有一些方法来解决分散办公的协同问题吗？

左晖：我觉得是不是在一块办公并不重要。从整个公司的文化传承看，我们是有一定传承的，A 传 B，B 传 C，C 传 D，直接形成一种氛围。只要能把这个传承做得好就够了。

传承要做好需要各种各样的工具，包括怎么把会议开好，会议里面到底是什么样的氛围，我觉得都非常重要。

李翔：你们有什么比较好的、把会开好的方法论吗？

左晖：方法只是我们的一些习惯。我们不太说废话，开会的时候大家都比较认真。说一件事的时候，主要的人会提前碰一下，大概的主题是什么，想达到什么样的目标，分会场要怎么设置，分会场氛围要怎么营造，等等。我们都会有些自己的习惯。

李翔：听上去其实是比较常规的，没有什么特别的所谓秘诀的东西，是吗？

左晖：我觉得很多事都没有什么秘诀，但是如果你对这个会议足够重视，会议效果当然就会好。很多事都是一样的。如果会议有 KPI、有目标，会议想达到一种画面，而大家在这方面有共识的话，就能在这个共识上不断精进会议。

李翔：你怎么衡量一个会开得好不好或者成不成功？

左晖：我觉得不太难衡量，用每个人投入的程度就能衡量。

我觉得公司的氛围很重要，在会议上面，有的企业可能显得很松散，我们的会还是非常紧张和严肃的。包括我们有很多要求，喝的水瓶子都要拿走等。整体非常紧，而不是懈的状态，这是第一个。

第二个是，会议肯定是要达到一些目的，特别是要传输一些精神。这种精神可能通过各种各样的指标、数据、方式、方法传递出来，每个人在这方面的投入程度也变得很重要。我说的投入程度并不是说发起者、讲课的人，而是听课的人和参与的人的精神是不是在这个地方。还是说我们必须通过收手机才能让大家的焦点在这个上面。这些都是我们关注的。

李翔：你们开会是不收手机的，是吗？

左晖：我不知道他们收不收，可能也收吧。

李翔：有时候收？

左晖：收肯定就是动力低。

李翔：大家都知道，亚马逊开会，开会者要交文档，不能用 PPT。你们有这样的工具、方法吗？

左晖：我觉得这些都是形式。我们的 PPT 都是字，并且字很少，主要是靠自己讲。表达很重要，语言非常重要。

控制风险和提供选择

李翔：我看到报道说，贝壳发布之后链家的员工可以选择
到哪家公司工作，是这样吗？

左晖：可以，都是双向选的。但你要选那边，那边也不一
定要你。

李翔：我看到报道说是 48 小时，2 万多人要完成这个选择。

左晖：对，要好几轮。你是不是去贝壳？去的话，那边的
岗位怎么设定？接你位置的人，也需要参加竞聘。好几轮的选
拔，所以非常紧张。

李翔：当时有没有人需要你或者 Stanley 出面说服？

左晖：没有，一个也没有，我们从来不出面说这种事情。
我们的工作就是告诉大家我们要干什么事情，尽量把这个事情
讲清楚。大家一开始不一定听得清楚，所以要从不同的维度多
讲几遍。我有一个本事是，能够把同样的话每次说得不一样。
这是我们要做的事情，保证大家都能听得懂，至少大多数能听

得懂。怎么选择，我觉得是那个人自己的事情。

李翔：做了贝壳之后，为什么没有想过干脆把链家这个品牌变成开放的，让大家可以来加盟呢？这样不是更容易吗？

左晖：那样风险太大了。我觉得品牌在 C 端（消费者端）理解里面还是有非常多的概念。那样做对链家的品牌来说，风险太大了，会导致我们自己在战略上没有任何回旋的余地，并且好像也没有什么道理。

李翔：当时根本没有考虑过这个选项？

左晖：没有。

李翔：但是你们做了一个新的公司、新的品牌，德佑，让大家来加盟，是吗？

左晖：德佑不算是一个新的品牌，实际上是我们当年收购的上海的一个公司。

李翔：是通过德佑的加盟，把那些标准输出给加盟的经纪人？

左晖：对。

李翔：其实还有一个路径，不拿这个品牌让大家来加盟，而是干脆让他们自己直接注册一个品牌，然后放到贝壳上呢？

左晖：有很多种原因。第一个就是，让他们加盟一个品牌相对来说比让他们直接上贝壳要容易。从行业传统里面来看，有直营，有特许，我作为单店或者小的几个店的店东，可以看是不是需要加入一个更大的品牌，这是很正常的事情。

第二个是，当年我们刚出发的时候，愿意跟贝壳玩的人很少，我们需要这么一个品牌，能够快速在全国各地立起来。所以收购德佑是一个很必要的需求。

李翔：德佑先于贝壳，当时是考虑到要给贝壳做一些铺垫吗？

左晖：当然，我们不会随便做一件事情。另外我们有一个核心判断是，随着贝壳的出现，未来中国经纪行业的品牌数会大量变少。

"不断去折腾每一个人"

李翔： 链家应该也有很多经纪人去了德佑，是吗？

左晖： 是不是有很多我不太知道，但是肯定会有吧。

李翔： 他们去德佑是内部动员的吗？就是内部创业的机制。

左晖： 其实我们会鼓励大家去。

李翔： 这种鼓励是一个正式的鼓励吗？

左晖： 很正式的鼓励。一开始可能都有一些财务上面的支持，现在可能没有了。包括我也会鼓励一些高阶的管理人员自己去做品牌。

李翔： 做一个新的品牌？

左晖： 对。

李翔： 你会投资他吗？他会离职创业？

左晖： 我们有一个叫百川的事业部，专门有一个投资的机制，你要做到什么样，公司会怎么去投你。今天我觉得这个窗口期已经过了。

李翔： 你当时是鼓励他们离职去创业吗？

左晖：是。

李翔：为什么呢？他们一定非常优秀，也符合链家的价值观，你没有鼓励他们在链家内部更长期地发展吗？

左晖：首先我觉得这对他们来说非常好。还是刚刚说的客体这个概念（指左晖把自己从公司中抽离出来，作为一个客体、一个旁观者再去看公司），我很早就是这么想的，并且我在公司的会上也是这么说的。当时我就说，链家的同事是不是继续在链家干下去，根本不是大家要考虑的事情，应该是我考虑的事情。大家需要考虑的事情是，能不能在行业里面生存下去。

今天也是一样，我们首先要考虑的问题是，怎么样对大家来说是一个最优选。在最优选的情况下面再来看，对组织来说，它是不是也是可以接受的一个选择。这是比较好的一个状态。

我认为随着贝壳出来，行业会发生一些根本性的变化，尤其在品牌层。所以在当时，一些新的品牌会产生一个窗口期，一个不是很长但阶段性非常好的窗口期。这是我自己真实的想法。我觉得链家的同事们应该去迎接这些挑战，也有机会得到更好的事业发展。

其实在经纪人学会的年会上面，我也跟整个行业说过这个问题。我说今天不管大家怎么看，随着贝壳的出现，这个行业一定会发生很大的变化。与其有很多质疑，不如把这些质疑先放下来，看看有些什么样的机会。

并且我深深地认识到，链家1万多管理干部，即便我这么鼓励，真正愿意出去、敢出去的人也不是很多，尤其是第一梯队的。所以其实再鼓励，也不会有那么多人能够去。总之，对大家来说也是一个很好的事情。

李翔： 这不会削弱链家吗？

左晖： 削弱是一点点的，长期对整个组织的贡献我反倒觉得是非常大的。

李翔： 比如链家的负责人，他不会来跟您说这个事情吗？

左晖： 会，所以有时候开会他们不一定愿意让我去。

李翔： 觉得是来拆台的，是吗？

左晖： 他们不愿意让我说。但是我会觉得，大家可能要从更大的维度来看这个事情。

李翔： 如果有人提意见，说你不要公开讲让大家出去创业这种事的话，你会怎么做？

左晖： 他会提他的意见，但是我不听，因为我对自己有一个定位，我存在的价值就是给大家找不痛快。

组织都是这样的，谁都想自己身边用的人很得力，大家都很受益或者什么的。但是这个组织会僵化，每个人没有成长。你不进步，你下面的人也进步不了，大家又不好意思跟你说。

组织最理想的状态就是保持最大静摩擦力的状态。所以蜜月期是短期，从长期来看对你是不利的。

但是谁能做到这件事情？虽然我们通过各种各样的机制想去解决这个问题，但是谁也不愿意总是处在变动过程中。所以我觉得组织存在的价值就是要不断去折腾每一个人，包括高级干部轮岗，都是要防止组织僵化。

李翔：贝壳现在可以做到高级干部轮岗吗？

左晖：我们必须轮岗，轮岗是必须的。

李翔：这个轮岗从什么时候开始的？

左晖：一直都有，做链家的时候我们就有。

李翔：你们开始做的时候不会有人员流失吗？

左晖：印象都不太深了。我觉得有人员流失说明原来的干部没做好。时间长了，大家就会比较习惯了。

李翔：中国除了国企外，能做轮岗的公司感觉应该是非常少的。

左晖：我不确定，其实我们最开始在选拔干部到其他城市方面是有些压力的。这些压力来自，当时北京实际上是非常好的城市。

10 年前的北京和 10 年前的武汉对比，跟今天对比两座城市是完全不一样的。10年前如果北京是10，武汉是1；今天北京是10，武汉我觉得都不好说，7、8、9都有可能。各个城市都在发生很大的变化，今天我们自己心里是没有那么大压力的，无非对员工的家庭可能会带来一些干扰。当然也有员工因为这些事情，生活受到很大的影响，这是我们未来需要去解决的问题。

李翔：当时让一个北京的干部到其他地方去开辟一个新的城市，会给经济补偿吗？

左晖：我们没有什么补偿，但在当时那是一个大事，愿意去做的人在公司是英雄，意味着他愿意放弃眼前的这些东西去追逐未来。当然后来我们给了大家一个很好的补偿，但是当时没有，当时我们很不习惯这样的事情。

后来我们通过各种各样的期权，事实上让这些同事都得到了很好的回报。我们每次发期权都说得很清楚，这跟什么事情是有关系的，这是组织长期鼓励的事情。我们的组织文化就是不让雷锋吃亏。长期以来形成的状况取得了大家的信任。

当时这是一件大事，比如说要去南京、成都的同事还没有走的时候，公司内部开会，大家都哭了。今天想起来，有必要吗？

李翔：以为再也见不到了，是吗？

左晖：当时是很大的事。

自如、孙宏斌、阿里巴巴和马化腾

李翔： 除了链家、贝壳之外，你们还做了很多其他的事情，包括自如、愿景，包括金融上面你们也有一些动作。你个人是怎么考虑进入这些领域的呢？背后的逻辑是什么？

左晖： 总体来讲都是更美好的居住。

自如很简单，就是大家租得比较差，租得实在是太差了。自如有各种各样的方式去做这个生意，今天这种方式不一定是最好的选择，但是我们相信这种选择。自如的模式今天也受到了很大的挑战，虽然我们自己知道这种模式根本的逻辑没有发生任何变化，只不过是外面出来了很多坏蛋。

李翔： 行业太差，是吗？

左晖： 行业会有这种问题，当时我们也预计到会出问题。我们当时对自己有两个要求，第一个就是——我现在说这些话都非常小心，我真的不知道该说不该说，我们当时的确是这么想的——风口上的事情我们就不去凑热闹了；第二个，开发商干的事我们不干。

核心原因是这样的，这两件事情都会发生一个对我们非常不利的状况，就是他们会不计代价地投入资源。我们做了几年长租公寓之后，突然面对的是，这个行业变成风口，以及开发商的大量进入。当时我们觉得这个不好，可能会出现很多问题，但是没法退了。不过今天这个市场在出清，出清的时候这个行业还是会迎来新的发展机会。

李翔：当你觉得不太好的时候，你们有做什么工作来预防一些不好的事情发生吗？

左晖：很难去对冲，我们唯一能做的事情就是把自己的钱弄得厚一点，其他的事我觉得很难去对冲。

李翔：速度上面也没有变化？

左晖：速度稍微做了一些调整，但是很难降速。组织发展过程中，你为了不确定性的因素要让确定性的东西发生一些变化，是很难的。

李翔：自如其实是一个独立的公司，是吗？

左晖：自如是独立的，自如和愿景都是独立的。

李翔：它们为什么没有放到贝壳这个大的组织里面呢？既然是一个共同的使命的话。

左晖：为什么要放进来呢？我现在觉得贝壳有点大了。我总觉得，有很多很厉害的人，大家能有机会自己做一块事情的话，非常好。

李翔：我不知道你有没有想过，你做的所有公司和业务拼在一起，最后会是一个什么样的画面？

左晖：这个问题我觉得不是我这种人想的，因为我很早就意识到一件事情，自如是熊林的事业，不是左晖的事业。当我每天还跟自如的同事在一块开会的时候，我就认识到这件事情了。所以自如并不需要完成我的什么画面感，这个并不重要，完成它自己的画面感就行了。

李翔：那些大的地产商会怎么看你做的这件事情？你跟孙宏斌沟通比较多。

左晖：他们对我们做的事不太关心吧，老孙，包括万科。我觉得他们对我们更多是以财务投资的心态来看，会觉得这个团队比较靠谱，做的也是靠谱的事。大的地产商，第一他们了解我们，第二也不是真的关心，他们自己的事业也足够大。

李翔：万链（万科和链家合资成立的一家装修公司）为什么没有做起来？

左晖：第一个原因，我想可能还是装修这个事情很难。第二个原因，可能这样的组织一般都干不起来。

李翔：就是强强联合的组织一般都干不起来？

左晖：我不知道今天有没有一个天爹一个地爹，加起来弄一个特别棒的儿子这种事情。

李翔：应该是这样。所以后来你们自己做了一个装修公司？

左晖：对。

李翔：这样有可能做起来吗？

左晖：我觉得也不容易，但是起来的概率相对比较大。核心在于，今天的竞争是非常弱的竞争，今天的供给太差。

李翔：我看到报道说，孙宏斌投链家的时候，跟你们沟通了一年才投进去，是吗？

左晖：老孙表达比较夸张。在做 D+ 轮融资以前，我觉得我们从来没顺利过。

李翔：融资从来没顺利过？

左晖：从来没顺利过，从来没有我们挑投资人的状态，都是别人挑我们。我们唯一享受到这种状态的就是这次 IPO（首次公开募股），但我们自己搞的时间很短，没有很充分地享受到这个快乐。所以老孙当时投我们是支持我们。

李翔：并不存在要考虑很多因素，然后要挑什么人进来这样的事情？

左晖：没有。

李翔：这次阿里的活动，我看到报道说，中国 50 家最大的地产商都去参加了。

左晖：不是 100 家吗？

李翔：看来你看了报道。

左晖：我看到是 100 家，不知道。

李翔：我不知道这是不是行业对贝壳的一种反弹？可能行业不能允许有一家公司独大？

左晖：我不这么认为，怎么会这么认为呢？这种状况不是第一次发生，这种大合影并不是第一次有了。老周（易居中国董事局主席周忻）就是有这个本事。上次他们在香港 IPO 的时候也是很多人，股东里面中国的大地产商，大概二三十家都有，也是有一个大合照。

李翔：但这次可能不太一样的是，明确提出来要把你们作为一个对标公司。

左晖：这都是媒体瞎找事。

李翔：你自己不这么认为，是吗？

左晖：对。我想郁亮（万科董事局主席）去的时候 ① 得到的信息并不是说，我们想跟贝壳找事，你愿意吗？郁亮说好。不会是这么一个状况。

---

① 郁亮 9 月 16 号到杭州参加了天猫和易居中国合作发布房产交易平台天猫好房的发布会。

李翔：我看过一篇报道里说，马化腾参观完当时的链家，投了你们，说你们是传统中介打败互联网。后来就有记者问你，你说你们不能扛线下打败线上这种旗。你讲这句话的时候是出于什么样的考虑？

左晖：我觉得线下很难打败线上，线下打败线上不容易，太难了。

李翔：马化腾跟你沟通的时候有表达这个观点吗？就是认为你们是线下打败线上的一个标志性事件。

左晖：好像有，我不太有印象了。

李翔：但当时你没有提出反驳，是吗？所以他是这么理解的？

左晖：对，我觉得这算是一个定义，但是我们不太想到底是线下打败线上，还是线上打败线下。做任何垂类，线上和线下都非常重要。只不过我觉得线上的人获得线下的能力比线下的人获得线上的能力要容易，可能性要更大，是这么一个情况。

品质的规模化复制

李翔： 我记得我们上次聊天的时候，你讲到即使是你，也是用了一个很长的学习曲线才学会怎么管理线下的。

左晖： 是。线下从 0 到 1 是比较容易的，从 1 到 100 是非常难的，你要过得了运营关才行。所谓的韩信点兵，多多益善，这件事非常难。

李翔： 但是你们做到了，上次你就说你们做到了。

左晖： 我们算是具备了一定的能力。

李翔： 这种能力应该怎么描述？是一种形成了正反馈的可以不断扩大的能力，还是什么？

左晖： 我没有特别总结过，我自己的定义就是品质的规模化复制。这个事对各行各业都是非常难的，我们也接触过很多其他的创业者。今天做一个小而美的企业没那么难，但是做一个大而美的企业非常难。品质的规模化复制，从具象到抽象这个过程，真正能走过去的人是非常非常少的。

把具象的能力抽象出来，再通过文化、组织、IT、团队把它真正落下去，这是一个很大的工程。你自己懂没用，必须得一万个人懂这件事情。这是非常难的。

对你个人来说，就是要有这种高度抽象的能力，你要过这一关。传统行业的企业家能过这一关的人是非常少的。

李翔： 如果已经掌握了这种品质的规模化复制的方法论，你会觉得它的难点在什么地方？

左晖： 都很难。第一，真正具备抽象能力的团队是非常少的。你自己干得是挺好的，但你要真正能把这件事情说清楚，能高度抽象、提炼、总结出来，能够一只脚在行业里面，一只脚在行业外面，我觉得要想做到是非常难的。

比如做业务，你要想卖好一个房子很容易，但是擅长"一人一房一客"并不够，我们要擅长"万人万房万客"，这考验的就是你怎么去提炼。我们做房子的生意，就需要去抽象这个城市，抽象每个人，抽象每个角色，抽象组织，抽象匹配的关系，这些可能都需要抽象能力。你跟那些从线上开始做线下的人交流，比如跟做房子、二手车的那些人聊，你会发现他们都觉得这个抽象太难了。

形成抽象能力这第一关一定会筛掉非常多的人。

第二，把抽象的事情在组织里面推动下去，又是很难的。包括真正融合到整个 IT 系统里面去，包括培养团队，让团队形成统一的语言、统一的文化、统一的一张报表，还有大家怎么做复盘，这些都是需要花时间的。所以我们觉得，垂类都不是一年两年的事，都需要花很长的时间才能够完成。

李翔：这种抽象能力个别人具有就可以了吗？

左晖：我觉得个别人具有就可以，但是具有这种能力的人少。尤其是传统产业，大家都是业内人，原来就是干这个活的人，比如装修行业的人原来就是带工队的，这可能对于创始人的能力要求就很高。

这件事如果不是创始人做的话，其他人根本替代不了。你要告诉其他人这个行业应该是这样的，很难。甚至于我觉得一个创始人都不行，还要有创始团队。我们只不过刚好是这帮人拿过来都能用，又都不是干这行出身的。

李翔：上次（2017年那次对谈）你说你们是一个混血的团队，确实是这样。

竞争思维是低效率的

李翔：好几年前，房地产行业流行讨论的是谁会超过万科。然后就有人说，最后超过万科的可能是链家。你知道这个事情吗？

左晖：偶尔可能会看到。

李翔：当时你是什么感觉？

左晖：当时肯定是没感觉，超过不超过谁这个事，我们根本就不在意。我们跟万科完全不是可以对比的企业，我自己甚至觉得跟万科也不是一个时代的企业。万科多少年了，比我们要更早一些。我觉得这不是一个很好的类比，我们也不在意这个事情。

李翔：你们整个团队都像你一样，不关心对手，只关心用户吗？

左晖：我们的这个特点还是比较明显的，并且我真的觉得，中国的企业关心竞争对手太多了。我们这个行业尤其是这样，关心竞争太多了。

你要想赢，有两个办法，第一个办法让自己变强，第二个办法让别人变弱。关心竞争多了之后，很容易用第二种办法，因为比较容易，很容易去打击别人，去诋毁别人。还会给自己造成一个心理暗示：不是我笨，而是他坏或者怎么样。我觉得这对组织来说是很不好的一种情况。并且我觉得我们在行业竞争的过程中有各种各样的"打××办"出来①，你看到哪个成功了呢？好像一个也没有。所以我觉得这种竞争性思维是一种很低效率的思维方式。我们也被人打，我们的竞争对手5年前在上海成立了一个"打链办"，打来打去，结果把自己打得快没了。

我觉得核心就在于，这会令组织内部产生很不好的状况。

有一段时间链家发展得还不错，但是我们在北京面临麦田很大的竞争，内部氛围很不好，说他们这个不好、那个不好。当然，今天我觉得他们是有一些不太好的竞争手段，但我在公司内部开宗明义跟大家说：我们很难阻止麦田在北京的店面数会达到一个什么数——可能比当时的数量要翻倍，核心在于当时麦田得到了很多的竞争优势。

包括在2007年的时候，我们在合并过程中，内部责难我为什么要学好旺角，我就说我相信一件事情，好旺角从链家身上学到的东西一定不会比链家从好旺角身上学到的东西少。并

---

① 左晖指的是在竞争过程中一家公司会专门针对某个对手成立一个项目，比如圈内盛传，曾经有"打头办"，也就是打击头条办公室。

不是因为链家优秀，而是因为好旺角优秀——一个优秀的人，从别人身上学到的东西不会比你学到的少。

这是基本的逻辑，但是大家很多时候是以一种很低效的思维方式思考，又很习惯麻痹自己，也麻痹团队。

李翔：如果经纪团队听了太多这种言论，他们在一线的时候会不会竞争意识反而变弱，变得比较被动？你会担心这种情况吗？

左晖：我有时候看欧洲球赛，比如巴萨提前夺冠了，最后一场是跟皇马踢，皇马队员会在出口列队去祝贺巴萨夺冠。皇马为什么能做到这件事情？这件事真的跟进取心冲突吗？我自己觉得并不是。

真正强的团队都是能做到三件事情的——包括强的民族、强的组织——那就是承认先进、学习先进和赶超先进。

尤其是第一件事，做不到的话，后面两件事根本就不会发生。如果你看到一个团队永远在说别人不行、不可能有戏，这种组织也不可能有戏。你看我们这个行业，天天都在这样说我们，那我完全就可以不用管他们。

不管是谁，我觉得都不能免俗，但这都不是伟大团队的特质。真正强的团队根本不是这样的。团队的特质都是需要大家逐渐去培养的。所以我根本不认为真正的战斗力是亮出獠牙，真正的战斗力是发自内心的，从自我生长出来的。

李翔：你们现在承认的先进是谁？有吗？

左晖：我们行业里面的确找不着。可能大家真的不太相信，但的确是这样的状况。

比如 IPO 以后，我觉得有两件事情一定会发生，第一件就是有更强的竞争对手进来，第二件就是有更多的资本进来。这两件事对我们来说都是好事。如果有更强的竞争对手进来，对今天的贝壳团队来说太好了，否则我就要做很多帮大家找不痛快的事情。但是今天来看，的确还没有对手进来。

李翔：阿里也不算吗？

左晖：我在内部总说一件事情，就是我们尽量去说做到的事情，不要说想做的事情。因为你说多了之后，组织会产生一种错觉，就好像你已经做了。并且你会发现，很多人去年就在说同样的话，今年还是一样，但其实组织没有任何变化。这样的组织我觉得今天是在变多，不是在变少。随着媒体的变化，各种各样的状况发生，我觉得我们不要去做聚光灯下的组织。

不管阿里还是谁，我们都很尊重。昨天有一个媒体问我怎么看这件事情，我说先把真房源做出来再看。我们更愿意看他做了些什么。你说你要做什么，我天天听这个干什么？没完没了。

李翔：你会把产业分成四个环节，就是制造、交易、房后、金融，相当于现在贝壳后面三个都做了，是吗？

左晖： 对，房后和以金融为代表的相关居住服务。金融并不是一个独立的点，以金融为代表的一些业务我们都会做。

李翔： 你不做制造是因为它已经是非常成熟的上一代的事情吗？

左晖： 总的来说，它是一个走下坡路的产业。我们过去这么多年大概总共开发了近160亿平米的住宅，未来肯定不会有这么大的规模了，这是第一个原因。第二个原因就是这个产业不太需要更多的企业，像万科已经做得很好了，不是很需要一个千科、一个百科再出来。但是其他产业还有大量的机会，并且这些机会不比制造业差，不比制造业弱。

选人与授权

李翔：早年你从百度、IBM 挖人，貌似他们处于一个非常高级的科技公司，而当时大家会认为你们是一个中介公司。你是怎么说服这些人的？会有这个说服的过程吗？

左晖：我的心比较大。我们很早就知道这个产业的空间是非常大的，我从来不觉得委屈他们。包括谈并购，很多东西都是我谈的，我也从来不觉得委屈他们。我自己的心态非常好，我自己的心理建设非常好，我不觉得我在求着他们。

李翔：科技公司，理论上应该是增长速度更快，也更容易暴富的行业。

左晖：Stanley 在 IBM 当然不错，但是到我们这边，有非常大的空间。

李翔：今天之前，比如前两年，贝壳在技术人才上面竞争力强吗？其实你们对技术要求还挺高的。

左晖：具体我不太清楚，可能在变得越来越强吧，IPO 可能对这个事情有帮助。

李翔：现在还有什么人是需要你出面谈的吗？

左晖：会有，真的需要靠我去挖的人已经不多了，流程上可能需要我谈。

李翔：就是见个面？

左晖：对，让他听听老板是怎么想这些事的。

李翔：你上一次出面挖人是什么时候？是什么样的人？

左晖：我不太记得，可能是阿仓（愿景 CEO 仓梓剑）吧，还是我们金融的 CEO（孔令欣），就是他们俩。阿仓我挖了 10 年了。

李翔：也是长期主义了（笑）。

左晖：10 年前他来帮我们做项目。

李翔：你是怎么挑 CEO 的呢？无论 Stanley 还是熊林这样的。

左晖：第一个要足够聪明，就是抽象能力要足够强，尤其我们做服务业，非常重要。第二个人还是要坚韧，这比较重要，也不太难识别。

李翔：就是这两个品质不难识别？

左晖：这两个品质都不太难识别。比如一个人每天早晨睡到 9 点，另一个人每天早晨 6 点钟起床，可能 6 点钟起床的人更坚韧一些。因为商业是很残酷的，商业是非常残酷的，坚韧很重要。

还有一种特质是非常重要的，就是这个人要比较有格局，能超出自己所处的位置来看问题。比如我作为公司，我能站到行业的角度；我是一个行业，我能站在国家的角度；我是一个国家，我能站在全球的角度。

我觉得能做 CEO 的人一定是比较有格局的，没那么自我，不会把自己的利益放得很重。这样大家才能背靠背地去合作，或者说这个人值得被信任。我们组织对新人的要求非常高，把事交给你了，就是你的事。主要是这三个。

李翔：就是能够容忍老左天天鼓动他下面的高管出去创业。

左晖：我觉得还好，这些都没问题。

李翔：你刚才讲不难识别，难道你真的会问别人早上几点起床吗？

左晖：不用问，看这个人的韧性是不是足够强，或者是不是能扛得了事，并不难。

我反正比较欣赏这样的人。比如蔚来去年碰到很多事，我后来看李斌的表现，专门在内部群里说，这哥们儿行，能扛得住，碰到各种状况都能够激发自己。很多人是这样的，碰到什么问题，反而变得比较兴奋。我觉得这是良好的特质。

李翔：熊林和 Stanley 应该跟当年的链家都是有合作的。

左晖：有交集的。

李翔：所以是有比较多时间的接触？

左晖：我觉得选真正的 team leader（团队领导）、选 CEO 的话，相对比较长期的接触和了解还是比较重要的。

李翔：你现在跟 Stanley 有非常明确的分工、工作界限的划定吗？

左晖：没有什么分工，基本上都是他，不需要分了。

李翔：你们多久沟通一次呢？

左晖：我们沟通还蛮多的。

李翔：这种频率到什么程度？

左晖：每天都有。

李翔：你们具体会沟通什么问题呢？

左晖：这个不能说。

李翔：你可以举一个无伤大雅的例子吗？是他来征求你的意见，还是你主动？

左晖：都会有，主要还是公司战略。

李翔：你挑了一个 CEO 之后，会给他几个原则或者类似锦囊的东西吗？

左晖：没有。

李翔：完全是靠日常沟通来完成的？

左晖：对。我自己觉得，我核心要做的事情就是让他尽快知道这个是他的事业。

大家不管是出于对我的尊重还是各个方面的原因，都会有各种各样的顾虑，但我们都会尽快走过这一阶段。其实不仅仅是对 CEO，对很多高阶的同事都是一样的，核心就是让他知道这件事是你来做。

我们在接触过程中一定会有些冲突，因为大家对某件事情有自己的认识。最终分歧慢慢会消除，只不过我们要不断去 review（复盘），review 完了之后还是你来做。有这么几次之后，大家都会形成一种概念。对我来说，我主要想做到的就是这样子，这个事业是他的事业。

李翔：让他意识到这是他自己的事情，这个事情本身能通过什么方式来确认？

左晖：这种 owner（主人）的状态说起来很玄妙，就是所谓的企业家跟职业经理人、事业经理人的区别。我对事业经理人一直有一个问号，我觉得核心差异在于 owner 感，就是这个东西是我的，跟股权什么的都没有关系，它就是我的，我的心血、我做的东西都在这个上面，我有极强的安全感。

我想团队至少要有安全感，否则他怎么有 owner 的感觉呢？没有 owner 的感觉，所谓的事业合伙人跟企业合伙人差别也没有那么大，这是我自己认识的状况。所以我觉得这是一个很玄妙的事情。

李翔：你怎么给他们这种安全感呢？

左晖：做法还是非常多的，核心就是我真的是这么想的。

这个骗不了人，因为天天都在那里接触。假设我对这件事很不满意，如果我觉得这件事是你的，如果我们之间有信任感，我一定就把脾气发出来了。如果我们之间没有这种信任感，我就会收敛。

收敛这个过程，大家都能感觉得到，有好的感受，也一定有不好的感受，每个人都非常敏感。所以本质上来说，你真的是这么想的，是最核心的事情。大多数人过不了这一关。大多数人不一定能过得了这一关。

李翔：现在整个体系里面有多少人直接向你汇报？

左晖：就是几个 CEO。

当然像 IPO 的时候，我们内部有一个小组，很多事说是我来定，其实都是涛哥（贝壳 CFO 徐涛）来定。最后所有人找我要份额，我说我定不了这个事，真的是涛哥定，本质就是他来定这个事情。

平台型组织的挑战

李翔：你们现在内部管理用什么工具？是 KPI、OKR 或者其他什么？

左晖：OKR。

李翔：你自己 2020 年的 O（objective，挑战）是什么？

左晖：我自己可能没有年度的 O。我们组织今年比较确定的 O 是要有 2 万家店，要达到一个 baseline，这是我们的一个战略。

李翔：就是要达到 5000 万营收那个指标？

左晖：对。但长期的目标、长期的挑战是很确定的。

李翔：长期的 O 是什么？

左晖：长期的挑战，第一个是要把这个模式跑通，我觉得跑通的标志就是这三个指标能够达到（行业效率上，门店要达到 5000 万的营收温饱线；客户净推荐值能够提升到 20%~30%；经纪人职业化程度，指标是经纪人的从业时间从目前的 6、7 个月提升到 30 个月)。

第二个是的确能形成一个智慧平台。

今天为什么这种平台型的组织会带来大量新的命题？比如，平台型组织未来会很大，我们原来没见过这么大的家伙。美国人已经开始拼命讨论这个问题了，但今天中国只有两个这样的组织。慢慢地美团也起来了，大家逐渐都会面临这样的问题：它怎么这么大？为什么会这么大？讨论的核心在于它的确是一个新的物种，这个物种未来会越来越大。越来越大的本质原因我觉得就是它比你聪明，它会远远地超过你，因为它的学习能力太强了。学习能力为什么强？它的数据能力太强了。它有学习的机制，而且它的学习机制已经完全发生了变化。

在我们产业里面也是一样的，我们能够完成数据本身推动整个产业的发展和变化。这是我们自己虽然没有找到很好的指标，但是比较确定的一件事。

第三个挑战，我们是不是能够在更多的产业里面完成从竖到横的方法论复制，这种方法论是不是的确比较有效。未来我们会面临很多大的挑战。

李翔：更多产业？所以你要做的不止一个平台？

左晖：在住里面我觉得还有别的，比如我们今天做装修。

李翔：今年很明显能感觉到，大平台都遇到了很大的反弹，无论是来自政府的还是舆论的。我不知道你会不会预料到，或者说会预计你们这个平台可能会遇到类似的反弹，你怎么办？

左晖：学界的命题就是组织合法性的问题。我们今天来看这个问题跟100年前美国那些大的工业企业的问题实际上是一样的，就跟当年摩根等人出来的时候是一样的。我看过一篇洛克菲勒的回忆录，他当时事业已经做得很大了，他每天有一个习惯——在曼哈顿自己家下面的咖啡馆里喝杯咖啡，后来他在咖啡馆里被人指着鼻子骂，他就很痛苦。这和今天是一样的。最终你会面对一个组织合法性的问题，就是你的组织除了创造GDP、创造就业之外，到底还有什么样的价值。这是最终能完成合法性的过程。这都需要一个过程，但它并不是无解的。这个过程可能需要社会的努力，需要组织、企业的努力。但是我觉得这些都能够过去，并不是说过不去。

李翔：可能你们也会遇到。

左晖：我们一定会遇到。这里的一个核心原因在于，我们认识到我们成长的本质是什么——贝壳起码在交易平台里面成长的本质是"房住不炒"。为什么房住不炒对我们的发展是最有利的？所谓房住不炒，主要是稳定。每个人都不接受波动。这件事情是国家所希望的，是大众所希望的，消费者所希望的。我们也是一样的，我们根本不接受波动。开发商可能喜欢波动，我们不太喜欢。我们成长的本质跟这个（希望稳定）是吻合的，这样我们就能做很多事。如果我们这个平台出来之后能够房住不炒，能够做一些事情的话，那么这个问题就变得是一个解了。

人都需要被激励

李翔: 这个公司上次需要你去救火的事情是什么? 就是比较紧急的, 可能需要你来处理或者参与处理的。

左晖: 救火就是 2016 年那个 2·23[①]。

李翔: 你今年发朋友圈那个事情不算吗? 就是贝壳平台上有一个入驻的中介公司的抱怨。[②]

左晖: 那个都是小事, 只不过我很少发内容。但是那个东西出来之后, 给我提供了一个机会, 否则平白无故写一个东西, 有点莫名其妙。

李翔: 现在对你而言, 这家公司不紧急但是很重要的事情

---

① 指链家 2·23 上海客诉事件, 见前文。

② 4 月 25 日左晖通过朋友圈发了一篇文章, 回应一个贝壳入驻品牌匿名发表的言辞激烈的抱怨。抱怨主要集中在入驻品牌在贝壳平台上没有获益, 反而有被架空的危险。左晖的回应解释了贝壳平台的运作逻辑, 包括对入驻贝壳经纪品牌的政策。

是什么?

左晖: 那就很多了, 主要是未来的战略。今天在整个交易领域里面, 我们的画面感是非常清楚的, 就是 A 和 B 是非常清楚的, 从 A 到 B 的路径也是非常清楚的。

在其他很多领域里面, 比如装修、大的家居、居住的服务、消费者社区的服务等, 这些领域我们的画面感似有似无, 相对来说比较模糊, B 点也没有那么清楚, 到 B 点的路径选择也不是非常清晰。这些东西清晰了之后, 才有机会去做抽象, 否则你连抽象的机会都没有。所以我觉得这些都是需要逐步清晰的。

李翔: 我非常好奇, 你们这种强价值观的组织, 人又非常多, 怎么能够保证价值观有效地传递到非常普通的一线员工身上? 怎么让大家能够认同并践行这个价值观? 怎么让大家能够接受你的价值观? 比如大家都知道, 阿里有一个很著名的政委体系, 可以保证价值观的落地和执行。

左晖: 我们没有。我自己总体觉得, 相对来说我们的人比较简单, 没有那么复杂的状况, 这是第一。第二, 我觉得人都需要被激励, 人性的本质就是需要被激励。我们今天已经充分找到了我们的人被激励的因子到底是什么, 并且无数次验证了这件事情。所以我们只要顺势而为, 把这个事情在一个一个画面里面、在一个一个场景下面做到就可以了。

李翔：这个激励因子就是那个经纪人协作系统 ACN 吗？

　　左晖：核心本质是，今天的服务业来自消费者的激励太少了，但是如果能得到的话，对服务者的激励价值就非常大。而在这个行业里，只要你正确做事情，一定会得到消费者的激励。

周期和资本

李翔： 你之前讲过，你认为链家、贝壳受经济周期的影响没有那么大，是吗？

左晖： 我觉得没有那么大。

李翔： 这是怎么做到的呢？

左晖： 因为我们今天主要是一个交易平台。全世界来看，"千人购房率"，就是1000个城市人口会交易多少套房子，其实是非常稳定的。交易价格可能波动比较大，但交易笔数非常稳定，总体市场GTV的变化没有那么大。

中国更是这样，因为中国还有一个特别大的新房市场。新房市场流动性大，市场不好的时候降价就好了。所以我觉得我们受的影响并没有那么大。包括这次疫情，疫情之后我们觉得整个房地产行业是复苏最快的。

李翔： 是贝壳的数据显示的吗？

左晖： 对。我们能看到每天都在发生巨大的变化，美国也是一样。过去半年，我看 Zillow[①] 的股价涨了差不多有一倍多。我觉得这个行业抗风险能力完全被低估了，而所谓的周期性被夸大了。

李翔：但是地产公司制造的周期是很明显的。

左晖：制造我们觉得也还好，相对来说比较灵活。

李翔：每一轮宏观调控都会有很多地产商跳出来说受不了。

左晖：跳出来是他们的本分，但是真有什么大的地产商倒掉了吗？我好像没听说过。

李翔：你，包括贝壳、链家，会刻意做一些事情来对冲周期吗？还是说因为行业跟商业模式，受周期影响小？

左晖：我们不太会做什么事情对冲周期，但是我们会做一些事情去对冲长期主义带来的风险。所谓的长期主义是说，我做好了准备，做的这些事情今天得不到回报、明天得不到回报，可能后天、大后天才能得到一点回报。而所谓做好准备的核心在于钱要足够厚。

我们一直以来是一个在财务上非常小心的组织，这种小心某种程度上也帮助我们去对抗所谓的周期性。当周期来临的时候，好像也没什么大问题。

① Zillow，美国一家房地产信息网站，用户可以通过 Zillow 查询房源、价格、房产抵押贷款信息，目前市值在 200 多亿美元。

李翔：核心就是钱要足够厚？

左晖：我觉得是。我不喜欢组织处在总爱战斗的状态，很多人很喜欢那种 fighting（战斗）的状态，我是不太喜欢，我觉得细水长流是一种很好的方式。

李翔：所以你没有竞争意识可能是跟细水长流的思维方式相连的。你跟投资人沟通得不顺利的时候，怎么做到钱足够厚呢？

左晖：以前我们跟投资人从来没沟通顺利过，有很多原因，可能是因为所处的行业，也可能是其他各种各样的原因，我觉得这个很正常。

我们这个组织，好像一直被低估了。我自己可能不是一个狂妄的人，但是我仍然会觉得我们的组织是被低估了。我很客观地说是这样。当然这种状态我能理解，也能接受。

我说的事情，感觉投资人基本上不太会信。后来我还专门反省过，把我们每一轮融资的商业计划书都拿出来，看有没有夸大。然后我发现我当时没有吹牛，我们说几年之后会怎么样，现在看好像还比较客观，但是大家可能都不这么认为。

李翔：大家认为你们在吹牛？

左晖：否则为什么不顺利呢？我找不到别的原因。但是我们运气比较好，各个时点最后都有人站出来挺我们，可能是我们这个团队看起来还比较靠谱吧。但是你要说顺利么？都不顺利。

李翔：当时大家不相信你的主要原因是行业吗？他们会给一个反馈吗？

左晖：这个我就不是特别清楚了，或者说他们是不是真的不相信我，我也搞不清楚，总之不是特别顺利。或者因为我们不太会讲？或者其他的原因。

李翔：你有没有出于好奇去问投你的投资人，为什么感觉投资圈不太认可这个东西？

左晖：我挺好奇的，但每次问都没有得到真正的答案。

李翔：他们会给你什么反馈？

左晖：都是比较通常的反馈。

李翔：你们的投资人阵容后来感觉还是挺豪华的，那些机构和公司作为投资人，除了钱之外，还能带给你们什么东西吗？

左晖：还是有一些吧。因为我们跟大家的交流还是比较多的，他们都是很会思考的人，总会有一些比较独特的观点，会触发我们的一些思考。

李翔：能举个例子吗？

左晖：非常多。我跟张磊（高瓴资本创始人）第一次见面，很多年以前了。张磊大概的意思是，我知道你们，你们做得非常好，但是你们这个生意好像不是一个能做大的生意。

他主要就是觉得经纪人的生意不是一个组织能做大的生意。生意肯定是很大，但不是一个组织能把它做大。起码当时我没有这个视角。当然事后证明他是错的，但是他这个视角很好。

李翔：后来他们也投了你们？

左晖：对。

李翔：很多投资人第一次见你，对你们最好奇的地方是什么？经常问的问题是什么？

左晖：经常问的问题对我来说很无聊，大家对这个行业太不了解了。我们当年找了那么多咨询机构、顾问进来，他们都很聪明，但是他们天然就会轻视这个行业。比如他们做一个项目需要三个月时间，但要花一个月才能够真正把心放下来，说这个行业挺难的。然后再花一个月，了解这个行业的皮毛。真正能做的事情实际上是非常少的。所以我们对每个人都要做很多普及行业基本知识的事情。

后来就好很多了，我们这一轮 IPO 就好了很多，得益于这两年可能大家对这个行业的了解变得比较多了。IPO 的时候，再问基础问题的人非常少，很多都是问相对比较深一点的事情。

大环境和确定性

李翔：我还是想问一下，你们为什么会在疫情最严重的时候启动这个 IPO 呢？

左晖：为什么不呢？我自己的生意很好，我们自己的发展很好。而且启动的时候，我们也不知道有全球疫情。当时是中国疫情最严重的时候，我记得我还说，不行就全部线上解决问题。那会儿还觉得这是一件很大的事，今天看起来都不是什么事了。

资本市场上一定多多少少会给我们一些压力，而我们非常反感这些压力，反感季报、公报的压力。但是今天恰好是我们在未来几年里确定性比较强的时点——在未来几年里，我们的基础性业务确定性是非常强的。未来要做的事情，我们在这次 IPO 的时候几乎一句都没有讲，讲的都是今天在做的事。别的事你也不用管，让我们自己去折腾。

所以这个时间点对我们来说是非常好的，疫情好像对我们也没什么大的影响。疫情中我们表现得反而非常好，这是加分项。

李翔：我这么说当然有点陈词滥调，其实外面很多人会认为现在还是一个非常不确定的状态，可能他们做一些大的决策会比较谨慎。

左晖：大多数人在关键事情上的判断都是错的，都是把别人的事情当成自己的事情。对我们来说，核心在于我们自己怎么样。

李翔：就是你自己的事情是确定的。

左晖：对，其他的都不重要，没有百分百好的事情。

李翔：你会担心大环境的不确定影响到你的这种确定吗？

左晖：又能怎么样呢？发行价低点？还会怎么样？我们的组织成长得非常好，我们这样的公司会有人不买吗？又能怎么样呢？我们根本就不在意。少拿1个亿，多拿1个亿，对我们来说又有什么压力和影响呢？

李翔：这次IPO是事先规划好一个时间点，到点就干这个事情吗？

左晖：我们一天没有差。

李翔：严格按照时间表走的，是吗？

左晖：我们一天都不差。

李翔：包括外面会有人传，说你们签了对赌协议。

左晖：跟这些完全没关系。对赌协议都有，谁没有呢？

我们签订的条款已经是对企业方最好的条件了。我们那个协议是每一轮都要重新签的,这一轮开始往后 5 年。并且后来连 QIPO 的条款都没有,连上会的条款都没有了。我们根本就没有什么压力,所有投资人对我们也没有压力。

李翔:您之前讲过一句话我印象很深刻,就是说有可能这一代伟大的中国公司就是送外卖、送快递的。今天还这么认为吗?

左晖:我自己觉得,可能不能用"伟大"这个词来形容。我更主要的感觉……可能是这一代企业家的使命也好,宿命也好,中国人今天已经到了这个阶段了。我们在基础产品和基础服务上的品质是远远不够的,我们必须要解决这个问题,所以可能这个国家有一拨聪明人跑去干这个事情了。

你说他们应不应该干这个事情?很难讲。但是这个时间段、这个国家的这个事情是确定的,有一拨人需要站出来解决这个问题。我觉得这个问题足够了不起,但是不是足够伟大,那得看我们怎么去定义。但是我想大家的使命就是这样。我觉得很了不起,但你说真的能青史留名?很难。要说伟大,改变世界会比较伟大。

李翔:你觉得谁是伟大的企业家?

左晖:国外的话,乔布斯肯定是。

李翔：这是最安全的回答。

左晖：中国不好说了。

李翔：你是源码（源码资本，一个风险投资基金，创始人是曹毅）的 LP（有限合伙人）是吗？

左晖：我是源码的 LP。

李翔：你当时参与是出于什么考虑？是因为跟曹毅认识吗？

左晖：这个好像不难决定吧。第一个我跟曹毅认识，我觉得他在年轻一代里面算是很优秀的了。第二个他实际上是一个窗口，我可以通过他了解很多创新者的状况。

李翔：是，我也认识他，非常优秀。你投这种 VC（风投）多吗？

左晖：不多。

李翔：源码还有另外两个特别有名的 LP，张一鸣跟王兴。你们交流多吗？

左晖：肯定有交流，肯定比一般人要多很多。

李翔：王兴和张一鸣开始的时候完全是线上做起来的，尤其是张一鸣。你觉得他们的思维方式跟你这种线上线下结合、线下很重的企业家有什么区别吗？会像两类企业家吗？

左晖：我觉得主要是年龄的差别吧。

李翔：年龄的差别？

　　左晖：我比他们大一轮左右。

　　李翔：具体点的话，大家会对什么样的事情有不同的认知？

　　左晖：本质上我觉得差异并不像想得那么大，但是大家聚焦的事情、关注的事情还是不太一样。

　　李翔：比如呢？

　　左晖：我感觉是不太一样。如果让我说，我一下子也说不清楚。比如我喜欢太极拳，他们俩好像都在做瑜伽之类的。

两次创业

李翔：你当年是怎么进到这个行业的？

左晖：很偶然吧。其实当初做这个生意的时候，机会成本是比较低的，我们没什么钱，能干的事情并不是很多。

李翔：我看资料说，你第一次创业选择的是保险，第二次是房产。这两个行业有什么共同点？

左晖：大。

李翔：你当时的选择逻辑是什么？

左晖：逻辑就是大。我自己没有上升到理论，前一段时间看黑石那个老兄的书（指苏世民的自传《我的经验与教训》），他就说要做一件小事跟做一件大事付出的努力差不多。我当时觉得，要选大的事去做。

李翔：当时你一个学计算机的去做保险销售，不会有很大的落差吗？

左晖：不会，这个生意这么大。

李翔：当时你们有很多同学做这个吗？

左晖：没有，但我觉得很好。当时很多政策的原因，否则我到今天可能都在干这个事情，做的就是一家保险公司了。

李翔：所以第一次创业相当于是失败的？

左晖：我不觉得是失败的，我们当时做得非常好。只不过我们一开始做的时候不需要保险兼业代理人资格，但到了1999年的时候出来了那个资格，而我们当时是拿不到的，国企才能拿到。我们费了近一年的力量，最后没办法，想合法经营的话就不行。

李翔：那段经历有什么收获吗？

左晖：收获还是蛮大的。毕竟我们当年才二十五六岁，几个人谁也没干过，谁都没创过业。

李翔：比如呢？

左晖：比如怎么管人，跟今天是一样的，当时也有很多经纪人。当时有一个理念就是，让大家先满意了，我们才满意。还包括一些商业模型，当时也在确定。

李翔：跟你一起创业的同学有后来一起做链家吗？

左晖：有，只不过做链家过程中走了。

李翔：做到中途的时候？

左晖：一个是 2003 年走的，一个是 2006 年走的。

李翔：当时互联网已经很火了，张朝阳已经是明星，门户网站的模式很火。

左晖：当时是开始有了。我 1992 年在中关村，很火算不上，但是的确 2000 年前后有那么一轮。

李翔：那时候你没想做一个跟互联网相关的事情吗？

左晖：没有。

李翔：毅然选择了房产经纪？

左晖：对，毅然选择了房产经纪。"毅然"这个词用得非常好。其实当时做的时候，我们先成立了网站，先做了一个 homelink.com。

李翔：但是那个网站不成功，是吗？

左晖：对于网站到底怎么做，那时我们没有任何的主意，也没有地方去抄，Zillow 什么的都是很后来的事。当时有一个搜房比我们早，线上比线下早。

李翔：我记得你上次讲过一个选择行业的逻辑，就是市场要足够大、足够复杂，这是你今天的思考逻辑吗？

左晖：是，第一要大，第二就是相对来说比较难，对系统的能力要求比较高——我觉得这是我们的优势，但是对资源的要求比较低。

李翔：当时创业做保险和做房产经纪是随机选择的吗？

左晖：我觉得不是。我们当时想，第一个要足够大，第二个就是所谓的不求人，因为我们几个人在北京没有什么资源，我们不要跟人喝酒去做事情。

李翔：当时跟你后来的观点一样啊！

左晖：那会儿还真没从这个维度想，光想大，后来觉得是这样的。

李翔：我看链家的历史，之前最激进的两个时间点，一个是 2005 年门店数量从 30 多家扩张到 100 多家，还有一个是 2015 年有 11 场并购。你觉得这两个点算是比较激进的吗？

左晖：我们内部还好。从 2004 年开始不吃差价起，最早那拨人已经走了。我们开始从学校里面招人，那一年的确培养了一些干部。实际上我们当时在行业是有人才优势的。所以 2005 年的时候，北京市场发展非常快，我们的效率比较高。我们的店均效率是非常高的，可能店均低于 6 万就停了，一直是 8 万左右的店均水平。

李翔：这是什么意思？

左晖：店均的月收入。我们当时的盈亏点可能在 5 万多，所以低于 6 万的就停一停。后来好像一直都还可以，我们一直是一个比较赚钱的状态。

李翔： 门店数量有三倍增长的话，背后的资金是允许的，还是需要去融资？

左晖： 是允许的。

李翔： 当时赚的钱已经足够支撑扩张了？这是算过的？

左晖： 算过。因为那时门店和经营的成本非常低，费效的水平是非常低的。

李翔： 在当时你们不会认为它是一个比较激进的状态吗？

左晖： 不会。

李翔： 虽然整个门店数量增长了三倍。

左晖： 不会，我们一直是比较保守的状态。

李翔： 后来 2008 年的时候，公司资金出现了紧张的状况，是吗？

左晖： 对我们来说是比较大的资金紧张的状况，其他人我觉得可能看起来还是挺好过的。

李翔： 其他人是指同行？

左晖： 对。我们觉得是有压力的，特别是我自己。其实当时我们账上大概有六七千万的现金，然后有一个月的净亏损可能到了一千万，有点压力。

李翔： 这算是你整个创业过程里面比较大的一个坎儿吗？

左晖： 不算坎儿，但对于我们来说可能是压力最大的一个状态。

李翔：你会怎么处理类似这样的压力呢？是找人倾诉、自己消化还是跟团队沟通？

左晖：我们是这样的，还没来得及做什么事，压力就已经过去了。我们8月开完会，9月市场就明显回来了，到10月很多政策就出来了。所以我当时在各个地方呼吁别出政策，我说市场都已经回来了，从我们的数据来看，9月就回来了。所以我们当时真的没来得及干什么事。

李翔：就是一个自然的过程，就过去了。

左晖：反而像刚刚说的，我们自己内部的压力是比较大的。

IBM、大规模并购

李翔：你 2010 年请 IBM 来做咨询，主要的出发点或者考虑是什么？

左晖：都是刚才那些事情。其实我们跟 IBM 2007 年就开始接触了，他们 2008 年就进来了。

2007 年是王博士进来。王博士是之前顺丰的 CIO，他加入进来之后，把他当年跟 IBM 的团队，就是阿仓，我们现在愿景 CEO 的团队带了进来，然后我们开始合作。当时对内对外都面临很大压力、很多矛盾，我们自己有些思考，在那个大的背景下就请了 IBM。

李翔：当时请 IBM 这样的公司应该是需要花很多钱的，是吗？

左晖：很多钱，基本上把赚的钱都给他们了。

李翔：理论上应该很多公司不会做这样的动作，可能会认为完全凭自己的聪明智慧能解决。

左晖：对。我们还好，觉得还需要人帮忙，虽然看起来没帮上什么大忙。

李翔：但是现在很多人都是从 IBM 挖来的，是吗？

左晖：这个很重要（笑）。但是它起码提供了一个机会，能够让我们自己坐下来反省这些事情。除了 Stanley、阿仓几个之外，我们今天很多的人，比如仙姐（贝壳 VP 葛静，主管品质线，链家 10 多年的老员工）也是当年在整个项目组里的，每天就负责把那些东西记录下来。把那些东西记录下来都不太容易。

李翔：回头看，收获主要是挖人，是吗？

左晖：对（笑）。这还是蛮大的收获。

李翔：你刚才也说了，包括战略、使命、价值观，是他们提出来大家一起探讨的？

左晖：他们自己有一个管理方法论，这些方法论我们的确是跟他们学的。

李翔：在那之前，你们会有这种使命、愿景、价值观的概念吗？

左晖：有，但都稀里糊涂的。

李翔： 2015 年你们做了那么多并购，是为做贝壳做准备吗？

左晖：2015 年是想做整个行业的平台，2014 年就开始想。当时并购的工作有点多，其实主要的也就是那么几个，是从上海和成都两个地方发起的。成都比较水到渠成，之前大家就合作得比较多。上海是我们一直想去的，其实我们当时不抱特别大的期望，但可能邵非（德佑地产创始人，2015 年链家并购德佑，邵非出任链家高级副总裁）对我们比较信任，所以上海算是一个意外之喜吧。

李翔：这种线下大规模的并购是为贝壳做准备还是两套方案？

左晖：不能说是为贝壳做准备，但的确我们原来有这样一个想法，要在行业里面做一些事情。觉得光靠链家来发展的话，效率比较低。当时做完之后马上面对的挑战就是，我们这套系统是不是能平移过去？是不是有效？如果有效，我们就能知道别人用也会有效。如果并购过来直营的都无效，那别人就更无效了。

李翔：并购的时候还没有想到要做一个互联网平台？

左晖：想到了。2014 年就已经有了平台的概念，包括并购。我之前说过，我们也讨论了是不是起一个新的名字，各种各样的可能性都在探讨。当时阿甘都不知道来了多少趟北京。

李翔：如果说大规模并购是一个非常顺利和可行的方案，

还会有贝壳吗？

左晖：不可能一直在并购，一定会有贝壳。

李翔：不是说两个路径去试水？

左晖：不是。

李翔：当时你们最大的并购规模有多大？

左晖：就是德佑吧。

李翔：它是一个什么量级的？

左晖：大概相当于我们 10%~15% 的体量。

李翔：并购完之后融合得还是蛮顺利的，是吗？

左晖：我觉得算是吧，当然各种各样的问题都有，总体来讲还是比较顺利的。

李翔：顺利的原因是什么？是你讲的你不管、不强势吗？

左晖：原因比较多。首先要看我们是怎么评价顺利的。有一个很重要的评价就是，当初并购来的人今天基本上一半都还在组织里面，并且不在组织里面的人有很多我们当初就说好了。我觉得这是很重要的标志。

本质原因还是大家互相比较信任，尤其他们比较信任我们。因为换一个系统、换一个经营模式，对所有组织来说都是很大的挑战。我们当年在广州的团队，陈征和 Jeff 两个人，Jeff

后来做了广州的负责人，就是为了适应我们的整个体系，还是非常难的。① 后来 Jeff 实在扛不住了，他做了多少年之后，我们才派高总过去接他的。但是我觉得在这个过程中，他没有任何博弈，说你这个靠谱吗，或者什么的。我觉得主要还是信任。

李翔：这种信任是怎么建立的呢？毕竟他们之前是在链家体系之外的。

左晖：第一个原因，链家当时在行业里面的确算是比较成功的。第二个原因，我们原来也有很多接触，在并购前大家都认识 10 年左右的时间，不断接触，很熟悉了。

---

① 2015 年，链家并购了广州最大的房产交易公司满堂红，文中提到的陈征和 Jeff 两人均为满堂红的前员工。

互联网创业公司的挑战

李翔： 2015 年有一拨互联网创业公司进到房地产经纪行业，它们曾经给过你压力吗？

左晖： 刚进入时我觉得会有压力吧，因为的确当时在上海租赁市场它们的份额是比较高的。

李翔： 这种压力来自它们的打法还是什么？

左晖： 它们的打法和理念我是非常不认同的。

李翔： 不认同，但是会有压力？

左晖： 因为市场上给了一些反馈。你觉得他错了，但是市场上会有一些认可，你会觉得是不是自己错了？这个是压力。

李翔： 像这种自我怀疑持续了多久？

左晖： 我们是不太自我怀疑的一个团队。核心原因是，事情发展比较快，给我们自我怀疑的机会并不是很多。它们（指互联网创业公司）发展得快，很快就碰到很多问题。如果它们慢点的话，可能我们怀疑的时间更长一些。

李翔：就是说，你还没来得及做什么，它们已经遇到问题了？

左晖：对。大多数人不都是这样嘛！

李翔：我记得上次你给我讲过一个例子，说你们当时也做了一些应激式的反应，比如丁丁租房。（链家在 2015 年 2 月上线了丁丁租房，用户可以通过丁丁租房的 App 看房、选房，而且中介费全免。一年多后，2016 年 6 月，丁丁租房发布暂停运营的公告，业务并入链家。）

左晖：我觉得丁丁很难说是一种应激式的反应。其实我们原来都讨论过丁丁，包括今天也一直在讨论，就是我们对"租"这个事情到底能解决到一个什么样的程度。

现在"租"本身还是一种很乱、很不理想的状态。但的确因为交易市场太大了，我们今天把精力基本上都放在交易这个领域里面了。实际上我觉得"租"需要有一些变革性的措施。包括比如 3 年以后，也许我们能看到贝壳在"租"的领域里面能做一些相对来说比较有变革性的措施，它的措施可能跟丁丁有一些继承的关系。我觉得丁丁当时的时机不太好。

李翔：丁丁这个业务算是你们历史上一个比较失败的业务吗？

左晖：算。

李翔：还有类似这样的东西吗？

左晖：几乎很少，但是丁丁肯定算。

李翔：我听起来，不知道是不是可以这样说，感觉你们公司没经过什么坎儿，比较顺，是吗？

左晖：其实还是有。但我们的状态是这样，失败了也没觉得怎么着，我们自己好像状态也还好，只不过就是多做一些复盘。其他大的失败不太多，可能是我们尝试的少。

李翔：我记得你之前还跟我讲过一个说法，你们内部每三年战略都会有一个大的变化，比如 2007 年是数据库，就是楼盘字典，2011 年是线上真房源，2014 年开始建全国网络，2017年做平台。

左晖：一直都是总结出来的，不是刻意三年想干点什么事，而是回头一看是这么过来的。我想这样一个周期也有它的合理性，每一件事情都需要一个过程，但不是有意而为之的。

"无理"的消费者、误解、焦虑

李翔：其实你之前经常说，中国这个大的商业环境充满了机会，可能即使你做得不是特别好也能有比较大的成功。为什么你们这家公司能经得起这种诱惑？我不知道你们有没有总结和抽象过原因。

左晖：我们不太喜欢那种状态——能赚到钱，但是周围都不太满意。中国很多人、很多公司都说客户至上或者什么的，但是……我觉得核心还是这个团队喜不喜欢这种状态。我就想让我的客人对我有一种很好的感受，大家在见面的时候不至于有那么激烈的对撞。你说这个事跟别的事有关系吗？我觉得没有什么太大的关系。

当然我们也不太喜欢那种很无理的消费者。我们原来碰到一些消费者很不讲道理，明明自己违约，把自己的老娘拉到公司来，往办公室一躺。

我觉得这都是相辅相成的。前一段时间万科的事情，后来万科说我不干了。很多人说这个事情你不能这样子或者怎么样的，我觉得万科做得没什么错。

李翔：你说万科宁波物业的那件事？[①]

左晖：万科做得没有错。对客户在意的公司都是这样子，真正对消费者在意的公司都是这样子。我也不喜欢无理的消费者。往往是那种心里怎么都行的公司，才不会有这样的情况。之前有过跟我们不讲理的客户，我说你提什么要求我们全都答应，但是我会告诉全公司，以后这个客户我们不接受——但是人家后来买房子非得找我们。

所以我总觉得，这就是团队的一个特质，就是我们不愿意在那种状态下面干活。你说是价值观也好，其他什么东西也好。其实一开始对价值观还没有那么清晰的定义，我们一开始也吃差价。后来为什么不愿意吃了？客户找上门来了，那种愤怒很真实，你只能把钱退给人家。我们做不到继续吃差价。

李翔：我印象很深刻，你之前说过一句话，"我们是把钱打出去，对手是把人打出去"。你会愿意让你的小孩到链家工作吗？

左晖：不愿意。

---

① 宁波某小区的几位业主，因为对万科物业制定的停车费标准不满意，开车把小区车行入口堵死，还给小区物业送了面锦旗，嘲讽万科物业"干啥啥不行，收钱第一名"，并且拍照上传到社交网络。随后万科物业主动申请退出该小区，不再提供服务，又在网络上引起热议。最后，由于大部分业主挽留，万科物业又回归该小区。

李翔：为什么？

左晖：我觉得有很多比商业美好得多的东西。这个世界上有太多更美好的事情了，干吗非得来这里？并且这会把事搞得很复杂。公司到今天为止，没有任何一个我的亲戚朋友在里面。你一定知道，我肯定承担了很多压力，也会有一些问题天天找我或者什么的。我觉得这个事搞得那么复杂干吗？

李翔：如果是你的一个朋友说他小孩想来你公司实习，类似这样的呢？

左晖：实习没问题，想工作是另一回事。有的人找我，说你跟 Pony（腾讯 CEO 马化腾）比较熟，帮忙把我的孩子介绍到腾讯去。我说我从来不管这种事，你让我帮别的忙都可以帮。

对于一个组织来说，招人选人我觉得是最大的事情。员工不要其他，公平就足够了，给他提供公平的环境就足够了。任何一点点有违公平可能性的东西，我们都不会要。我自己是这样，我更尊重别人。实习的很多，但是你要想工作，那你该怎么干就怎么干。

李翔：既然有那么多比商业有意思的东西，如果你不做这个事情，你想做什么？

左晖：太多了。反正我自己做了房子之后，可能会对城市相关的很多事情有更多兴趣，比如怎么样城市能更美好。

李翔：跟城市规划、建筑相关的，是吗？

左晖：不一定是城市规划和建筑，总之可以比今天更好。我们总在说这个地方真的挺好、那个地方真的挺好，但是我们每天生活的这个地方其实能变得更好，有太多东西了。

李翔：我看你说过很多次，你们家小朋友会让你比较焦虑。

左晖：谁家的小朋友不让父母焦虑呢？

李翔：你焦虑的点是什么？

左晖：我焦虑的点很多，但可能对他们的学习不是很焦虑。

这两天我在给我们家儿子的老师写信。为什么呢？因为老师前两天在班级里面批评我们家儿子，小孩三次没交作业。后来我问他为什么不交作业，他说没带。我知道他做了作业，他就是稀里糊涂的，每天书包不好好装，然后就忘带了，三次没带。老师不相信他，觉得他没有做，然后就批评他。

我觉得这么做是不对的，所以我这两天正在给他老师写信。我问我儿子，你觉得我可以写吗？他说你可以写。我说我跟他当面谈谈行吗？他说那你还是不要了。

我觉得这是不好的理念，对孩子总是用很多很奇怪的理由去批评。

李翔：但是你不会担心写完信之后……

左晖：担心啊（笑）。但是不写我更担心，我会很客气地写这个信。

李翔：到今天为止，你会觉得大家对你和这家公司有什么误解吗？

左晖：太多了。

李翔：比如呢？

左晖：消费者对我们也会有误解吧。产业发展都会有一个过程，总会有人先站出来去改变。往往大家觉得这个行业变化不够快或者怎么样，但是总要有人去做。

我自己觉得，到今天为止，我们能够说链家的存在让这个行业产生了很大的变化，让消费者的体验还是产生了很多变化。但是有消费者会说，问了一两家店，回答都是一个样子，他会觉得你们怎么怎么样……其实我们根本就不是那样的。同行对我们的误解就更多了。

李翔：这里面有哪些误解是你打算改变，哪些是你不打算改变的呢？

左晖：我没有一个想改变的。

李翔：没有一个想改变的？

左晖：我根本改变不了，这事不可能。我连自己儿子都改变不了。它就是这么一个状况，你接受也得接受，不接受也要接受。

李翔：最后作为用户问一个问题，我在贝壳上买房子确实是能够享受到跟通过链家买房子同样好的服务吗？

左晖：我不敢百分之百跟你说这个话，我们希望能做到这样，我们希望再过几年，能够做到今天链家的水平。

我们今天在底线的控制上应该还可以。但是链家的同事相对来说教育背景不太一样，加上常年被消费者激励，人的状态是完全不一样的。

这是我们的价值观，就是我们不去忽悠消费者——碰到什么事就一惊一乍，忽悠大家赶紧买房子、换房子。今天链家的同事这样做的非常少，但是贝壳上还有。所以我想，可能服务过程中会有各种各样的情况，离达到链家的水准还有一定的距离，但是我们的底线基本上能控制住。

李翔：底线是什么？

左晖：出了问题有人管，房源 95% 以上的概率肯定是真的，就是这些事情。

李翔：出了问题有人管，是贝壳来管吗？

左晖：贝壳来管。

李翔：今天就这样。谢谢你。下次再约你。

左晖：好。

2017 年访谈

日期：12 月 4 日

地点：乌镇

2017 年 12 月初，我在乌镇第一次跟左晖聊天。

要再等上半年，人们才能在电梯、路牌和电视广告中看到黄轩代言的贝壳找房，听这位演员不断重复说"海量真房源，省心上贝壳"；要再过上近3年，人们才能知道市场对这家公司的真实定价——贝壳找房在美国上市，成为一家市值高达800亿美元的公司。而在乌镇，他只是提到，链家——他创办的这家中国最大的地产经纪公司，要把重心放在平台化的工作上。

尽管当时还没有正式发布"贝壳"这个品牌，左晖在互联网圈已经是一位传奇人物。他的传奇与这样一个事实有关：所有希望凭借互联网打法进入房屋买卖和租赁领域的新贵公司，突然发现在这个领域，互联网打法不像在外卖和打车领域那样，如入无人之境。

其中最知名的一次失败，是上海的初创公司爱屋吉屋。这家公司成立于2014年，消失在2019年。不过在当时，爱屋吉屋的进攻非常凶猛，资本也不各提供火药给它。它在不到两年的时间里融资 3.5 亿美元，迅速跻身估值 10 亿美元的独角兽新贵行列。它的投资人阵容堪称豪华，可以说是互联网时代的"king maker（造王者）"组合，包括曾经押注过京东的高瓴、在早期就投资了拼多多的高榕、投资了小米的晨兴、投资过去哪儿网的 GGV 以及新加坡国家主权基金淡马锡。这家公司的创始人公开宣称，要"用互联网飞机大炮的方式，挑战房地产中介的刀耕火种"。

但是等到 2017 年，已经不再有互联网新贵敢把链家视为一家单纯靠刀耕火种经营的传统房地产中介了。仅仅借助互联网的飞机大炮，攻不下这个市场极其庞大，但模式很重、交易低频的行业。

互联网对左晖的致敬是由中国最具影响力的科技巨头之一腾讯完成的。2017 年 3 月，腾讯 CEO 马化腾到链家的总部拜访。后来的一篇文章说，马化腾此前一直困扰于为什么腾讯的"互联网+"战略进行不下去。腾讯在 2013 年年底就提出了"互联网+"。一向低调的马化腾四处布道，希望用互联网改造、赋能传统行业。但这个设想遭到了行业巨头的抵制。直到马化腾去拜访了链家，才了解到这样一个新故事：一个线下传统中介机构不仅没有被互联网企业入侵、颠覆，还倒攻线上，成功逆袭，"最终成了老大"。

左晖帮助马化腾想清楚了腾讯应该如何做产业互联网，腾讯则成了后来贝壳找房的第二大股东。

不过，左晖未必完全认同马化腾对链家和贝壳的描述，他有自己的叙事版本。链家绝不是一家简单的线下传统中介机构，链家网的出现甚至早于链家的线下门店。同时，至少在房产经纪这个行业中，线下要远比互联网人想象得复杂。它涉及如何让服务者获得尊严、如何建立互相信任的协作网络、如何去管理一个十万甚至百万级别的团队。

以下是我和左晖的部分谈话内容。在谈话中间，得到 App 的创始人罗振宇老师也参与了进来，并且问了几个他关心的问题。

重公司，慢公司

左晖：我们企业，有这么几个特点，我觉得都是比较怪异的特点。第一，我们从线下往线上走。第二，我们从慢往快走。第三，我们从重往轻走。第四，我们从低频往高频走。跟通常的打法比，全都是反的，但我自己觉得蛮有效的。背后有很多原因，我们有逻辑上的自洽。

2017 年我们变化比较大的就是要做平台化，从重往轻转。

今天的整个房地产服务，大家其实都忽视了一个群体——房地产经纪人。这个群体发展得不好，主要原因是他们的职业化程度不够。从全中国来看，他们平均的从业时间大概只有 7 个月，这是不对的。而链家的经纪人，从业时间现在应该超过了 30 个月。

如果这拨人发展起来，他们的能量是蛮强的。他们强的核心在于，他们在社区的周边跟每一个房主不断打交道。北京链家有近 7000 人是在社区里服务超过 5 年的。我们在北京大概有 1000 多家店，每家店大概有 5 到 6 位在一个社区里服务 5 年以上的经纪人。这些人的能量在今天仍然没有被重视，没有被好好激发起来。

过去这么多年，我们从来不把他们当成员工看，都是把他们当成小 B 看。我们在过去所有的能力，都是怎么能建设一个网络，怎么能建设基础的信任，怎么能提升效率，怎么能在组织和角色之间形成良性的关系。这是我们所谓的"重"里，最重的地方，也是我们相对来说比较强的地方。这套东西在今天仍然有效，也是整个交易服务领域里唯一被证明有效的。

关于重和轻，我们今天的理解是，如果你重的事情做不好，轻的也做不好；如果重的事做好了，轻的好像和你承担的责任又不匹配。从这个角度来说，2017 年，做平台化是我们最大的一件事。

当然，这也是我们长久以来一直在做的，只不过我们的边界越来越大。可以从两个维度来理解我们的边界。

第一个维度，我们把自己定位成社区美好生活运营商，围绕社区运营的角度展开。我们今天在全国大概有一万家门店，一家店面的面积有 100 平米到 150 平米。也就是说，我们在全国的社区周边，运营着 150 万平米左右的商业面积。再通过我们的连接，可能有 500 万平米的商业面积。

第二个维度，是在整个不动产价值链里。比如我们和万科合作的万链装修，客户转化率非常高。万链的客户有 70% 到 80% 来自链家的成交客户。我们知道，整个装修家居产业大约是 4 万亿的市场，大概 90% 发生在交易环节，只有 10% 发生在持有环节。交易环节的家装潜力非常大。

再比如，我们对整个不动产市场的存量进行了一些更新。今天的存量物业，实际上品质还比较差。我们做了很多尝试，像是做一些小装业务，业主如果只换一个马桶，或者只换地板，我们就可以承接。这个市场规模也非常大。我们还和别人合作，做了一个安心养老的品牌。

我们拓展的两个维度，一个是在整个社区的服务上，一个是在开发之外的整个房地产产业上。

互联网公司也在讲社区美好生活，但我们相对来说会更侧重在"物"上，物理的物上。比如北京、上海各有 250 万套住宅处于效能不高的状况，平均楼龄都在 30 年以上。这些楼房你肯定拆不了，但人们的居住体验并不好。怎么办呢？其实可以通过综合改造和商业化的运营来解决。这些楼房都有非常好的地段优势，改造之后，人们的居住体验会有非常好的提升。

在这些小区，我们会从各种各样的角度去改善。比如我们开始介入到电梯的改造中。我们有一个电梯厂，专门做浅坑技术的电梯。在老旧小区里面改造电梯，最大的问题在于，老旧小区的管网离地面太近。而浅坑电梯可以做到电梯下去以后，不到 30 厘米的坑就能解决，基本上在所有的老旧小区全都可以适用。

这些都是非常有意思的商业模式。

李翔：慢打快、重打轻、线下打线上，至少从其他公司的经历来看，都是反过来成功的概率更高，为什么你比较特殊？

左晖：核心是因为我们做的这个产业。线下打线上，我今天觉得这是不太可能的。线下打线上能成功的背后是，你是一个混血儿。而那些真正做到线上打线下的人，也都是具备了线下的能力。

我自己感觉，不管线上还是线下，首先要有基础能力。战略、组织、管控，这些基础能力，大家都是公认的。除此之外，也的确有些能力是纯粹线下的能力，包括对复杂的业务流程的管理，对复杂的人力网络的管理——像链家、顺丰这样的公司，都需要对 10 万级别的人员进行管理。

线下的能力，可能从 0 到 1 是比较容易的，但是真正从 1 到 N，是比较难的。线上其实是反过来的，线上门槛比较高，从 0 到 1 比较难，从 1 到 N 其实没那么难。

今天中国的线下企业，资源依赖性的比较多。很多企业通过占有或者拿到一些核心的资源，获得竞争优势。同时，大多数线下企业的通用能力，比如战略、组织，包括 IT、信息化的能力，是不够的。这种不够不是互联网能力的不够，而是基础能力的不够——线下企业的基础能力比今天的线上企业要弱。

线下往线上打，很难打得通，的确要具备混血、杂交水稻的能力。我们其实是非常纯正的混血儿。链家网比链家存在的早，我们2000年就有.com和.cn，2001年才开始做线下。

再来看从重往轻打。中国的商业生态普遍是轻的。但是在包括一些交易保障制度、to B系统的供应商、信用体系等缺失的状态下，我觉得基本没有轻的基础。轻的基础在于，线下很多重的东西已经做完了。在我们的行业里面，住宅的基础数据电子化，今天根本就没有；基本的交易保障没有，比如产权被查封了，消费者可能不知道，也没人告诉他。各个保障机构该干的事其实也没有干。到现在（2017年），这个行业都只有一家资金托管，就是我们做的理房通，每年10万+亿的生意，居然没有一个中间机构来保证资金安全。这些都是不可思议的事情。

在全都是轻的情况下，你要想做一个轻的生意，把线下所有轻的东西整合起来，我觉得是没有基础的。所以，一开始只能做重。大多数的基础服务业，必须得有人去做重，必须得有人解决一些基础的问题。

当然，这些重的事情一旦做好，它是可以输出的，而重的能力输出本身就意味着平台化。比如我们会把自己的数据全部开放出来，我们现在大概开放了35个城市的8000多万套住宅，涵盖了300多个维度的1200T数据。这些数据本身对整个交易保障的价值是非常大的，是可以为整个平台赋能的。而平台化，包括平台加上小 B，我认为一定是未来的一个方向。

有的行业是可以快的。但是在住宅领域，决策比较重，相对来说更低频，很难快起来。这个行业的产业链比较长，产品的交付周期也很长，我们一个服务产品的交付周期大概在 60 到 90 天之间，装修的交付周期就更长了。相比之下，吃个饭两个小时就解决了，打个车可能几十分钟就结束了。在这么长的周期中，消费者和商家有大量的接触，服务要想达到一个品质，是不太容易的。

理论上来讲，做商业最终都是为了快速成长，所以慢和快我觉得是一个辩证的关系。我们的逻辑是，慢就是快。

我们从 2008 年开始做楼盘数据库。那时候谁都不知道这些数据的电子化到底需要什么，我们投入了大量的资源和精力。这么做可能会比较慢，但慢本身不是目的，慢是一种哲学。有的生意天然就比较重，重的生意可能要求慢，轻的生意可能会要求快。

混血

李翔：我蛮好奇的是，你做一个非常重的生意，虽然很慢，但你在不断做线上的工作、数据的工作，你是怎么意识到这点的？大部分有能力去做线下的公司，这方面想得没那么早，或者想得没那么清楚，还处在负隅顽抗的阶段。

左晖：不太谦虚地说，我们其实是混血的。我们的核心团队基本上是 IT 背景出来的，这还是蛮重要的。有一段时间大家把我们当做线下打败线上的案例，我说我们可不扛这个旗。线下很难干掉线上，核心原因是，线上这帮人的学习能力要更强。并且我刚才说过，线上从 0 到 1 太难了。对线下的人来说，线上的从 0 到 1，根本就进不了门。但这事对我们来说没有门槛，我们天生就在里面。

线下我们是经过很长一段时间学习的。在做这个企业的很多年前，我自己根本就不懂。我觉我和经纪人离得很远，这帮人在干什么、想什么，我根本不知道。

李翔：你体验过线下销售吗？

左晖：我体验过。我到门店里去，感觉很无措，不太知道该怎么和经纪人接触。我看刘强东还送货，和快递员称兄道弟的，我想可能他真的是有那种连接的。

李翔：他出身很苦，我不知道是不是和那个有关系。

左晖：我猜可能有关系。但是对我来说，很长一段时间，我是融不到那个群体里去的。我不知道该怎么看线下，也不太清楚该怎么管。我们经过了一个很长的学习曲线，才真正搞清楚线下是怎么回事，怎么去激励 10 万人的团队。我们现在都比较膨胀了，要去管 100 万人的团队。

李翔：你大概是什么时候开始对线下有感觉了呢？

左晖：五六年前。

激励人的生意

李翔： 你把经纪人当小 B 看，这种东西是在机制上的，还是情感上的？他们现在还是要领工资的吗？

左晖： 当然。

李翔： 那其实还是雇员，不是小 B。

左晖： 我觉得今天完全不能用是不是领工资对这件事分类，实际上要看整个企业以什么为中心去运营。大多数企业的运营可能没有这个中心，或者有也是以老板为中心。优秀的企业，一定是以客户为中心的。但是我们很早就发现，我们的客户是两类人，一类是那些交易的买家、卖家，还有一类更重要的，就是这些经纪人。我们的核心就是帮助经纪人更好地去服务消费者，满足消费者的需求。

房地产经纪是一个网络效应非常强的生意——你有更多的货（房源），就有更多的买家，然后就有更多的卖家，也会有更多的优秀经纪人。但是在链家之前，没有一个品牌在一个城市的二手房交易市场上的份额超过 14%。我们就觉得很奇怪，为什么网络效应这么强的一个市场，没有人能做到更大的份额？

后来我们很快发现，当一个体系足够大的时候，经纪人所面对的外部竞争要小于内部竞争。更多的竞争实际上是来自内部的。经纪人的合作网络就变得非常重要。如果大家能够建立对平台的信任，组成一个比较有效的合作网络，就能改变这个状况。所以我们很早就开始通过各种各样的手段，IT 的、管理的、数据的，来建立机制，使这个合作网络达到最大的效应。这是一个基础。

李翔：每一个经纪人是一个小 B，还是每一个师傅和徒弟是一个小 B？

左晖：我们统称为小 B。小 B 也有不同。比如说我们的经纪人在内部就是 A 级，他们会有师傅，再往上是 M 级，就是门店的管理者。但我们统一认为他们都要和消费者打交道，都要服务消费者，所以都把他们当成小 B。他们承担的职责略有不同，可能门店管理者要去服务一些重要的客户。

我们也在内部做了非常多的变化。我们的组织非常扁平化。北京那么多运营体系的人，大概只有 100 个人不在我刚才说的这个序列里。除了这 100 个人，其他所有人都是在服务消费者。

李翔：按照你刚才讲的，你很长时间理解不了经纪人的生活状态和工作状态，但大家公认的，在链家，经纪人比较舒服，比较有尊严，愿意长时间待着。有人说链家是房产界的海底捞，服务质量很好。这不矛盾吗？是怎么做到的？

左晖： 不矛盾。我们今天为什么相对有信心，韩信点兵，多多益善，核心原因是，我们发现我们能比较有效地激励每一个人。

这个生意本身就是一个激励人的生意。比如说我们今天在北京，有将近 7000 个在社区里服务了 5 年以上的经纪人，这些人违约成本非常高，失信的成本非常高。因为他们在社区里运营了这么长时间，保持了良好的口碑，在未来可见的时间里面获得的回报，要远远超过他当下失信而获得的那一点点回报。所以这个生意最本质的是，它是一个看长期的生意。它实际上是激励人用正向的良好的服务去满足消费者，然后再得到回报，从消费者那里得到激励的生意。

所以我们很快就发现，这是个很好的生意。但有的生意，服务者并不是这样的。随着时间的推移，对个人来讲没有什么赋能，他的个人价值并没有增长，而只是体力的消耗等。

今天只不过没有人帮经纪人去在短期的损失和长期的价值之间做选择。这个说起来可能不太合适，但我的确觉得，中国人往往会选择短期的利益，而放弃远期的价值。比如说我们一开始做真房源，我们知道消费者可能不来找我们。到今天为止，仍然有声音说链家的房子贵。但网上很多房源都是假的，虽然便宜。他说房子卖 150 万，你去了之后又说没有了，再给你找。

我们就发真房源。背后的核心是，消费者终归是理性的，是有判别能力的。我们就等着，等消费者回来。其实没用太长时间，消费者就甄别出来了，因为这个市场的竞争很弱，没有人和我们干一样的事。如果大家都这么做的话，那我们就没什么比较优势了。

从数据来看，我们做真房源以后，流量稀里哗啦地往下降，而我们就扛着。在我们行业里面，等 100 天，消费者就会回来。我们内部拼命赔偿消费者，只要房源是假的，我们就赔偿。但是内部不做处罚，我们相信人的诚信不是罚出来的。

李翔： 即使这个人发了假房源，内部知道了，也不会罚他？

左晖： 不会罚。

李翔： 没有任何惩罚措施吗？

左晖： 有，信誉。我们有大量的管理，其中最有效的管理实际上是荣誉的管理。我们认为服务者会被这件事激励。消费者又回来了，这帮人就会得到激励。他们一旦得到消费者的激励，就再也回不去了，因为这种激励是良性的、积极的、正向的。

我们相信这件事，这是我们的经营哲学。我信这件事，我培养了一拨信这件事的人。他们为什么信？因为他们得到了激励。核心不在于管控。很多人说链家的管控有多牛，我们是做了一些事，但根本并不在这上面。

我们尊重每一个服务者。我们这个行业有一个很大的问题，尤其是链家，要面对消费者的"跳单"。因为我们的费率高，消费者经常是在我们这里得到服务，最后跑到同行那里去成交。

我有一段时间看我们经纪人的照片，经纪人在跳单消费者的门口举着牌子：某某某，你怎么怎么着，还钱。我说这不太合适。但是从经纪人的角度来说，他能怎么办呢？好像也没有办法。后来我们就推了一个跳单补偿计划，只要你证明你被跳单了，公司补偿你。当然，不会全额补，但这对经纪人来讲起码是好的。他会觉得自己提供了一个比较好的服务，尽心尽力，最后却被骗了。而我们希望他能感受到公司对他的支持。咱们一步步来，慢慢来。

消费者过来的时候，我们也希望能尽量对消费者好一点。链家的客户服务部门是非常逗的一个部门，他们负责处理消费者投诉。

李翔：打电话过去投诉，还是去门店？

左晖：基本是上门店来，大多数的投诉在门店就能解决。真正要到这个部门去解决的，已经是比较严重的服务质量问题了。一般消费者来的时候，情绪不会特别好。所以客户服务部都是一些小女孩在做。我们觉得这帮孩子挺不容易的，得把她们给留住，就特批了预算，让她们每年出去玩一次。后来发现没必要，这个部门的人员流动率非常低。为什么？因为我们非常鼓励赔，人家不满意，该赔就赔，她们其实是会得到激励的。后来到客户服务部门来的反应比较激烈的客户越来越少，我猜可能是，他们相信到这里来都会有一个比较好的解决方案，所以没人来撒泼。

建立和消费者之间、和经纪人之间良好的反馈机制，这是我们核心的竞争力。当然，各种各样的管理、绩效、激励、信息化的能力，这些事都很重要。但真正核心的实际上是服务与支持。

信任网络

李翔：如果从链家挖到一个核心人员，我能够比较快地建立起链家的这套线下系统吗？

左晖：不太容易。因为合作网络不是一个人的事。比如我们内部有一个管理规定，要管理费率。这个行业的基础是独家代理，好处是，消费者受益，经纪人之间会产生竞争。但问题在于，有时候努力的经纪人不一定能得到保护。[①] 最后，我们的解决方案是规定一个固定的费率。举个例子，比方说消费者经常会到门店里说，"费率你得给我打折，你看那边的店是可以给我打折的"。但是链家的经纪人一般都会说，这是不可能的。他们知道，换另外一家店也打不了折。

再举个例子，链家的每一个经纪人拿到委托的时候，一个小时之内肯定会发到网上去。链家的每个经纪人都会相信，其

---

① 购房者在通过像链家这样的经纪公司买房子时，链家这样的主流公司，不会吃差价，但是会收取服务费或佣金。因此，如果经纪人之间对佣金没有共识，一个经纪人是可以通过少收服务费或佣金的方式，把购房者从另一个经纪人手里撬走的。

他人也会这样做。我觉得这种信任网络、合作网络的建设，不是靠一个人能建起来的。

李翔：这种信任网络里的一些细节，有没有可能靠强硬的规定做到？比如公司的 CEO 发一个强硬的规定，不就建立起对费率的信任了吗？

左晖：我有时候觉得，一个组织在竞争的过程中成功的要素有很多，但真正的密码是非常少的，并且看起来非常简单，可你就是做不到。

房地产经纪全领域今天都知道要发真实的房源，不管线上的平台还是线下的平台，也都知道要建立数据能力，要建楼盘字典，但是有谁能做出来呢？你知道这件事情，但你就是做不出来。

李翔：做不到，是因为意愿还是能力？

左晖：都有。我自己觉得，从组织来看，基础的价值观在今天是最重要的。我们看到那么多成成败败的企业，各种各样的模式，你不能说是好还是坏，也不能说梦想是大还是小，但最后都会归结于基础的价值观。价值观这件事本身是会有强大的驱动力的。当然，能力也很重要。

李翔：一个朋友给我讲过一个故事，说之所以链家在这个行业里增长速度比较快，经纪人工作非常努力卖力，一个很重要的原因是，左晖决定把更大的利益分享给经纪人，然后，每个经纪人都像是被打了鸡血一样。这个描述是准确的吗？

左晖：不是。其实组织的管理，从公司到国家是一样的。你可以发现不自信的管理者一般是用两种方法，一种是示威于人，一种是施惠于人。但大多数方法是没什么用的，都是短期有效。

我是觉得，很多事情是有一个理论值的。这个行业的费率，就有理论值，因为很多数是常数。比如，房价和居民的收入提升是有固定关系的，费率也就是每套房子的中介费和卖房子的经纪人的收入水平是有关系的。一个经纪人一年的效率相对来说也是一个常数，他能提高 10%、20% 就很了不起了。经纪人收入在整个收入佣金里的占比还是常数。考虑到所有这些常数的情况，在北京，2.5% 的费率大概能支持一个经纪人的平均收入，让经纪人的平均收入达到社会平均收入的 1.2 倍。为什么是 1.2 倍？因为我们觉得这样的收入水平才能支持一个比较好的经纪人。

今天链家定了一个目标，要求所有新的经纪人必须是统招的本科生。我们觉得这样的人才能理解和施行我们的理念：我们不赚取一分信息不对称的钱，所有信息都要无差别地分享给消费者。因此，经纪人的核心能力在于，帮助消费者解读这些过载的信息。对经纪人来讲，如果没有经历过十六年制的标准教育，是很难做到这些的。但另一方面，如果你让他做比较辛苦、社会地位不高、对个人能力要求又很高的事情，没有 1.2 倍的社会平均工资，他是不会干的。

当初互联网企业用很多方法来打我们，其他中介用各种方法来打我们，最直接的方式，一是低费率，二是高分佣，他们的分佣比我们高多了。但我们觉得这些都是错的。

虽然我们现在要求招本科生，对人要求很高，但链家的经纪哲学是，我不要"能干"的人，不要"能干"的经纪人。因为我们的理论认为，凡是"能干"的经纪人都是他自认为"能干"的经纪人，凡是自认为"能干"的经纪人都是自私的经纪人，凡是自私的经纪人都是不跟人合作的经纪人。我们要的是那种，不管是不是真的能干，自认为比较弱的人。只有比较弱的人才需要别人帮助，需要别人帮助，才会去帮别人。这是我们的基础理念。

我们内部管控的核心指标叫"单边比"，一张单子有多少边。"边"是我们的一个量词，一个边就代表一个人，一个参与到交易里的人。你可能想不到，我们北京做的单边比大概在 6，就是一张单子会有 6 个经纪人参与到里面，会有 6 个经纪人分佣金。这个说起来容易，做起来难。我们做了很多绩效的创新，这是第一。

第二是扁平化。你们肯定知道，扁平化是最难的事情，扁平化代表你的大脑效率要足够高，中央的效率要足够高。并且，我们内部非常不鼓励通过高薪留人。虽然在这个行业里，如果你从业 5 年以上，在全世界这个行业里都算是平均收入比较高的。但我们认为这并不是真正保留人才的核心要素。核心要素还是他能在这个职业里得到快乐，能得到消费者的奖励和认同。他在这里正干着活，外面来了一个大妈，端着一盘饺子，对他说"怎么还没下班"，把饺子给他吃。我觉得这是真正激励他的事情。

李翔：你们要求经纪人得是统招本科，这是从什么时候开始的？

左晖：两年前。现在我们全国基本的门槛是统招专科，北京、上海、成都可以做到统招本科。

李翔：像你提到的 7000 个待了 5 年以上的经纪人，他们的收入，或者对他们的激励，会更好一些吗？你们是希望他们更长时间待在这个公司吗？

左晖：一定会更好一些。我们有很长一段时间就跟大家说，你是不是待在链家里根本不是你要想的事，也不是你需要关心的事情。需要关心这个事情的人实际上是我，是平台的这些管理者，这些人要拼命把你留在这个平台上。你需要关心的是，在社区里面是不是能增值。如果你能增值的话，虽然今天我们目力所及还没有更好的平台，但我想未来总会有更好的平台等着你。

李翔：你的意思是，经纪人离开链家以后会到一个更好的平台？

左晖：未来也许有。实际上有没有这件事是我该想的，不是他该想的。他想的事的核心应该是，社区的网络因为他的连接能更紧密。

我更关心的事情是经纪人对自己职业的规划和思考，而不是说今天干的这个活，明天是不是还继续干。我们会觉得经纪人要有一个3天的规划，10天的规划，100天的规划，1000天的规划和1万天的规划。

3天就是他刚刚进来的时候，我们有一些培训。10天就是他能够开始工作。100天是他在行业待了3个月的时间。1000天就是他经过的第一个3年。3年之后他能够看到，自己适不适合把这个职业当成终身的职业。3年过了之后，我建议他去做30年的职业生涯规划，1万天的规划。

经纪人首先要对自己负责。在很长的一段时间内，我会对新入职的经纪人上一堂课。我说你到门店以后，别觉得别人帮你是应该的，别把自己当新人看。别人凭什么要帮你？每个人都有自己的工作，帮你是额外的。因为别人帮你是额外的，你才会感恩，你感恩了，那个人才能得到正激励。

我们非常强调每个人的自我奋斗。而每个人自己的成长，一定是建立在平台规则上的。我们有一个链家的荣誉守则，里面就强调人和人之间要凝聚、要合作。组织和社区之间也是如此。守则里专门有一项，规定在社区里，我们应该为社区本身贡献一份力量，哪怕付出一定的成本。这是我们的原话。为什么我们做了很多免费打印这样的事情？原因都是我们希望自己能够融进社区。

李翔：每个经纪人的信用体系，这在内部是有一定的机制吗？

左晖：是的。我们在乎的是，优秀的经纪人是不是在内部做了足够多的分享。链家内部有 A（agent，经纪人）序列和 M（manager，管理者）序列之分。A 序列就是你作为一个经纪人，能从 A1 干到 A10，经纪人最高的级别是 A10。M 也可以到 M10。我们会更鼓励大家向 M 发展，M 就意味着你要去带人。带人本身对经纪人是有些损失的，因为他自己还要作业。原来大家都觉得这是不可能的，自己作业，还要带人，这是矛盾的，但我们觉得这是可行的。这行业就是要人带人，把人给带起来。

我们会做大量组织上的设计，包括鼓励大家去讲课。讲师在链家体系还是非常受尊重的。

我们也比较注重培训。我们这个行业没有别的办法，的确复杂，我到今天都没搞清楚。我在前几年还尝试搞懂很多专业性的问题，后来我已经不做这种努力了。没有办法，只能去培训、实践、考试，再回来培训，不断走这个循环和训练。

我们在组织的绩效上也有很多设计，核心是在管理内部细分系统。包括内部的货币系统怎么搭建，内部货币怎么去发，等等。

够大，够复杂

罗振宇：我听过一个江湖传闻，你们想做高端家政，说你给出了一个理由，只有链家有全套的经验，让普通人获得职业尊严。

左晖：让普通的劳动者能够拥有职业尊严，这的确是我们很强的一个愿景。但在生意的选择上，我们往往会看两件事：第一，这个市场是不是足够大；第二，是不是足够复杂。如果足够的大，且足够复杂，并且是在 C 端的，我们就很感兴趣。

罗振宇：为什么越复杂越感兴趣？

左晖：复杂的市场门槛高。相对来说，我一直对线上线下的要求都很高。我自己觉得，我们团队的确是这个产业里为数不多的同时具备这两种能力的团队。我们会很慢。在很长一段时间里，我们主要是在进行物的连接，因为在物的领域里面，机会还是非常多的。

李翔：你们鼓励经纪人去做长达 30 年的职业规划，组织又高度扁平，意味着他们可能做了很多年，职级都变化不大，你觉得这是 OK 的？

左晖：因为他会得到大量的职业荣誉，得到大量的正向激励。我觉得职业的发展，未来会发生很大的变化，专业上的成长会更激励人，这在很多服务行业里都会发生。

李翔：你们管理经纪人的经验可以复制到，比如刚才罗老师提到的保姆或者是其他的交易服务中吗？

左晖：我自己觉得可以。

李翔：你们做高端家政那个传闻属实吗？

左晖：不属实。我们看过，但是那个行业有些小。另外，我们自己不太喜欢做高端的事情，因为高端的生意小。我们比较喜欢解决标准化的大众的事。

并且我觉得，今天中国最迫切需要解决的事情是，基础服务的品质不够，不管在产品还是在服务上，都是这样。当然在高端的领域里，差距更大。所以我一直对链家的服务品质没有过高的期望，不要求做多好，主要的期待是不要差。我说服务品质是 80 分，因为 80 分好听点，其实我心里想的是 60 分。但是我觉得要做到足够难。我要求我们的方差足够小，每一米服务和每一米服务之间的方差足够小。这是最难的事情，也是最重要的。

现在这个领域其实发生了很大的变化。我们为什么用新的大学生？我们也走了很多的路。链家第一拨人全是大学生，你看我们今天各个城市的总经理，通常都是在我们公司10年以上的，大学毕业就来的。我们很长一段时间喜欢用自己人，然后在公司扩张过程中，开始用一些同行的人，但是后来我们又走回来，用自己培养的人。

我自己觉得，其实很多服务行业今天都在进行这种供应链的变革。服务行业供应链变革的核心是服务者的变革。很多服务行业原来的那一批服务者，包括司机等，我觉得存在很大的问题。我们当时要去深圳（2015年链家正式进入深圳市场），跟主要对手竞争来竞争去，从北往南打，最后打到了深圳。到了深圳，一开始我们就看是不是能从当地招人来做市场，但看来看去觉得好像不太靠谱。后来我们从北京调了1500人过去，把深圳打了下来。这没有办法。你说这帮人去了之后，他们比深圳本地人更熟悉市场吗？根本不是。他们意志更强吗？也根本不是。但他们是经过改造的服务者，是经历过正激励的服务者，他们相信这个事情。

所以我觉得这是一个非常大的趋势。现在中国每年700多万刚毕业的大学生，211学校有100多个，一个学校就算4000人，大概就是40万人。每年会有数百万经受过本科教育的毕业生，实际上他们的工作去向并没有很多选择。但是今天的服务业，我觉得实际上是需要一些新的服务者的——如何利用线上和线下的技术去服务好消费者，通过线上的技术去服务消费者，这是新的能力。我觉得这帮人未来会大量进到服务领域里。这是第一个大趋势。

第二个趋势，在我们这个领域里，线上化的趋势很明显。有人说，互联网在房地产领域里好像不太有用，但其实发生了很大的变化。我们现在一笔成交背后是大概 1.2 万个 PV（page view，页面浏览量）。什么意思呢？就是在我们的 App 和网站上，消费者浏览过 1.2 万次之后，才会有一笔成交。全行业平均水平是 3000PV 对一个交易。这大概意味着两件事，第一个就是链家培养或者聚集了第一批房地产互联网用户，第二个意味着我们生产了第一批可供消费的房地产数据。我们现在基于一套房子的数据规模在 50M 左右，我估计过不了几年，规模大概会达到 1G，整体数据规模可能会从 1000TB 达到 1000PB。到那时候，我估计可能会是 3 万个 PV 转化成一个线下交易。

中国有两个很大的领域，一个是房地产，一个是证券，这两个行业的消费都是非常轻决策的重消费。我觉得这是非常有意思的事情。中国人买股票和买房子都是很随意的，但这是错的。我们希望培养消费者重消费的过程。消费者今天拿到的信息量，包括线下看到的房子的数据都太少了，而不是太多了。所以我们努力的方向不是让消费者看的房子变少，而是让他看的更多、更准。今天看的是又少又不准。这两个维度上我觉得都有很大的提升空间，以我估计我们能提到 3 万 PV。

并且我不觉得房地产是一个低频的消费，房地产内容的消费是非常高频的（指用户会去看和搜索跟房产相关的内容，如报道、楼盘介绍、房屋介绍等）。今天的房地产类目其实只覆盖了互联网用户的 3%，我估计未来大概能覆盖到 30%。所以在内容这一块，今天大家的差距是非常大的，甚至在退步。在房地产领域里面，在过去的纸媒时代里，其实出现了一些比较高频的内容，但是随着纸媒的没落，互联网没有接棒，没有把它变得更好。原来搜房做得还不错，但今天搜房转做线下之后，把原来的功夫全都给废了。线上化本身是一个很大的趋势。

基础的标准

李翔： 在你看来，什么才叫经过训练的服务者？怎么定义？

左晖： 我是觉得我们今天缺乏很多基础的标准。所谓服务的标准到底是什么？怎么去定义一个合格的经纪人？大家众说纷纭。更具体一点，我们的基础标准到底是什么？你应该具备什么样的一些能力？这些能力又是如何被认证的？

我们内部会有一些认证，这是我们这个行业唯一的认证。

在未来新的时代下，会有新的标准、新的培训和培养机制，包括新的运营人才的标准、培训和培养。我们内部想要建一个运营的学院，在线上和线下融合的情况下，教大家如何管理运营，如何管理增长。今天有的体系，比如美团，在这方面是比较优秀的。在很多产业里，都需要这样的人才。

人的标准是要今天的我们要来建设的。建完之后我们会给他打标签，比如这个人对小区的花园和绿化非常了解，可能是花园和绿化方面的专家，我们就给他打上花园和绿化的标签。

李翔： 这个可以大规模复制吗？

左晖：可以，就是慢。特别是一开始会比较慢。

李翔：你讲现在是多多益善，10万到100万，这个过程会有多长？

左晖：三五年差不多。

基本品质

罗振宇： 2017 年你觉得整个市场，包括你自己所在的市场和整个创新创业的环境，有什么重大的变化吗？

左晖： 我自己接触有三个圈子。我们做房地产行业，经常参加房地产的活动。房地产其实是一个很"土"的行业，里面的"土老板"是很多的。它是一种资源型行业，只要能获取资源就行。这是第一个圈子。第二个圈子是互联网的，完全是另外一个状态。还有一个圈子是各级政府机构、工商联、政协等。这几个圈子有的时候反差会比较大，我刚刚参加完一个工商联的活动，第二天去参加腾讯的被投资企业活动，就觉得二者的差别大到仿佛不是发生在同一个时代同一个国家里一样。

这几个圈子接触下来，我会觉得今天各行各业都有非常大的机会，核心来自消费升级。

我们每年都会去美国看一些同行。夏天的时候，我和一个哥们聊，我说你们到底怎么看中国？他说，如果你们中国看一个有 50 亿人口的国家，会怎么看？我觉得这个比方是有道理的。他看我们和我们看一个有 50 亿人口的国家是一个视角。

今天中国 7 亿、未来 10 亿的城市人口，今天 3 亿、未来 6 亿的中产阶级会快速崛起，但下面什么也没有。今天的企业提供的服务支持，和实际需求的差距是非常大的。很多基础制造业的企业家，很棒，但是的确和这个市场、和 C 端离得比较远。这种反差会让你觉得这里面有机会。

同时，线上的企业只要到线下来运营，基本上都会到我们这里来看看。我们接待的更多的是线上的企业。你一看就会觉得，它们没想象得那么好。但是这根本不重要，就是一般，也足够打下很大的一片天下。我真觉得中国线上的这一拨企业出来的机会太大了，核心原因是竞争太弱了。

再来看线下的能力和线上的能力。线下的能力，比如说管理复杂团队、复杂作业流程的能力。举个例子，传统汽车我觉得根本就不是高科技，它就是复杂，需要极度复杂的工业整合能力。像我们 10 万 + 团队的组织运营能力，也是线下的能力。线上也有一些能力，产品能力、技术能力。今天线下的企业，核心我觉得不是弱在线上，线上当然是一个门槛，但核心是基础的战略、组织、信息化、工具的运用等能力比较弱。

因为这种反差，我就觉得机会真是好多。我觉得线下的企业，今天有一种很不好的倾向，大家经过一段时间之后开始觉得互联网不过如此，开始觉得这帮家伙不也都到线下来了嘛。可见线下其实是很重要的。开始进入到这么一种状态。这种状态是非常危险的。

李翔：说到线下能力，王兴讲过一句话，大概意思是，线上做的很多东西是从无到有的，这是需要创造性的；线下从管100个人到1万个人，这个事情已经有人做过一遍，跟他们学就行了。你认同这个说法吗？

左晖：的确有人做过。但还是那句话，线下从0到1是容易的，从1到N是难的。尤其中国的线下企业能力本身是发育不够的。真正具备线下管理能力的企业，比如说复杂供应链的管理，复杂组织的管理，其实是不多的。这种能力在中国企业家身上的沉淀，其实是不够的。所以你想学，我觉得也不太容易。另外一方面，人才的储备也是不够的。所以真的深入进去看的话，线下实际上是更难的。

线上我觉得的确从0到1难，线上如果你不具备这种基因，不具备这种组织能力，不具备这种文化的基础，你可能真的进不了这个门。但是进来之后我觉得没这么难。

李翔：你和海底捞的张勇交流过吗？

左晖：聊过。

李翔：你觉得你们两个做的事情有相通的地方吗？

左晖：有相通的，但也不一样。我是觉得海底捞比我们简单。张勇说要把火锅店做到一万家，我觉得不太靠谱，他这个品类没这么大。作为服务产品来说，他的服务产品交付周期短，我们的服务产品交付周期比较长，而且要更低频。对我们来说，可能要更重。

我觉得张勇很了不起。我去参加他们运营的会，真是太有感受了。第一个感受是，他们挺狠的，把做得不好的那帮店长，上台示众，我们是干不出这种事的。第二个我感受特别强的是，从头到尾都在说客户。看一家公司以什么为核心，看写在书上的东西根本没用，要看他们内部的会议到底是在说什么。

十几年前，我们就有一个标准——链家所有的内部系统、内部会议、内部培训的东西，如果被消费者看到了，消费者会怎么想？我们觉得，看就看吧，没什么问题。这是一个核心。所以你看海底捞内部的会议就会觉得，专业级的公司真的是以客户为基准的。中国的服务性企业里能做到的不是特别多。还是我刚才说的，其实很多东西是非常简单的，我就做这么一件事，但是你就做不到。我就是告诉你，你也做不到。我觉得这个还是很了不起的。

李翔：像你这种服务交付周期比较长的公司，如果去做服务交付周期比较短的，会有优势吗？

左晖：刚才说了我们公司的特点，其中一个就是我们会从低频往高频。我们可以去做一些尝试。因为低频的生意想赚钱，不容易。低频的生意一旦赚了钱，一定是在某些基础设施上做了很重的投入和沉淀。理论上来说，这些基础设施有可能被复用，并且复用的基础是比较好的。

李翔：这里讲的高频不仅仅是用户去看更多内容，而是其他的服务。但是你不想说是什么服务，是吗？

左晖：我们会试一试，很多事我们会试。

罗振宇：我听下来，老左的意思就是，服务业特别有机会，这并不是说服务品质要多好，只要足够好就行。

左晖：我对太好没有什么期盼，我这人要求低。我主要觉得，这是这一代企业家的使命或者宿命，要去解决中国基础产品的基本品质问题。能做到这件事已经很了不起了，已经对得起我们这代人了。我们很长一段时间去管理门店，最基本的要看，我们门店的洗手间能不能对外开放，是不是对外开放的时候不丢人。

李翔：现在可以做到吗？

左晖：现在完全可以做到，我们门店的 5S^① 都做到了。我不知道你们有没有感觉，链家门店的水准总体比大街上的门店

---

① 5S 即 5S 现场管理管理法，指的是起源于日本的门店管理标准。之所以称作 5S，是因为标准中的 Seiri（整理）、Seiton（整顿）、Seiso（清扫）、Seiketsu（清洁）、Shitsuke（素养）这五个单词，都是"S"开头的。

可能高了一代到一代半。

罗振宇： 今年关店关得多吗？

左晖： 很少。

罗振宇： 今年没有外界想象得那么难？

左晖： 我们经营的，我自己觉得还不错。我每次一出来见人，都会有人说今年你们不太好，很同情地看着我。我该什么表情呢？我该迎合一下，还是应该保持正常呢？

事实上，我们的商业模型决定了，我们在市场非常好的时候，也不会赚那么多钱。但是市场差的时候，我们也没有问题。我们所有东西的哲学都是一样的，都要方差小。

李翔： 你现在还会去体验经纪人的工作吗？

左晖： 很少。原来每年公司司庆的时候，我都会跑到门店里面待一天，但是待得一点乐趣都没有。对我来说没有乐趣，我觉得离我比较远。

但是我觉得我的优势在于，我一直在这个企业的边缘，从外面看这个企业。这也很重要。有时候觉得这公司好像和我也没什么太大的关系。真有这种感觉。

李翔： 你们公司不需要像刘强东那样请快递喝酒、吃烧烤？在京东，就是老板请快递员喝酒吃烧烤。

左晖：我们团队自己都不太喝酒。我和我们团队的关系看起来其实没那么亲密。运营体系喝酒还是蛮多的。

虽然我从来没有强调这个事情，从来没有明着说过，但是我们有点兄弟的感觉。我和我的团队，有充分的、足够的信任。包括经纪人和经纪人之间也是这样。

有一段时间我们甚至还会反思。中国的企业喜欢提家文化，尤其是管理大团队时。但家是不离不弃，团队能做到兄弟就已经很不错了，关键时刻不背后捅刀子就很不错了。

李翔：其实你们这个市场，有一段时间我感觉几家公司是差不多的，比如门店数量之类的。突然一下子，链家就有点压倒性胜出了。这个决胜点是在什么时候？

左晖：大家总是这么来看，我其实没什么感觉。就像外人看小孩似的，过两天一看，长得都这么高了。我们没有感觉，会觉得自己是比较线性的。可能是我们开始比较慢，导致后面会快一点，前面的慢换来了后面的快。当然，我们该快的时候也蛮快的。

罗振宇：你们的体量挺吓人的，突然出现一个这么大体量和估值的公司。前几年没人说链家。

左晖：但其实原来我们是 10 的时候，大家觉得我们是 1。而我们现在是 100，别人觉得我们是 1000。我们内部经常在说这个事情，我们其实是被高估了。

李翔： 你说的高估，具体指能力的建设还是什么？

左晖： 就是被吹捧。我觉得中国的很多企业都会这样，这很容易让团队沉迷于一种状态。比如我们内部就出现了一个信号，我们原来只说做过的事情，不说将要做的事情。但我发现很多团队开始出来说要做的事情。这是一个很不好的信号。你要做的事情和你做到的事情还有蛮大的差距，但是你说得多了，往往会有一种错觉，好像你已经做到了。

商业教育

李翔：你开始讲的那套哲学，比如说慢打快、线下打线上、重打轻，这些是一贯以来的，还是认知上有一个比较大的转折点？

左晖：我觉得没有转折，是后来有抽象，有总结。

我不知道别的人是不是这样，我会觉得我们这一代人其实没受过什么商业教育。我自己总在内部说这个事。链家最开始做生意，吃差价。吃差价，很多消费者就找过来。我后来就说，我们吃到差价的那种欣喜是很真实的，消费者找过来，那种愤怒也是很真实的。这种矛盾、这种对抗，来自什么呢？一定是基础的价值观的问题。

所以我才会说，我们这一代人成长过程中缺乏基本的商业教育，特别是商业伦理的教育。很多企业家说初心是什么，我自己不太确定是不是真的是这样。

我们的初心，也不是差，而是要经过一个过程。一开始不具备对这些本质的东西的思考，我们就不断反省、总结和沉淀，不断从加法到减法去做。这不是一个突变的过程。对我来说也不是初心。

就我来说，我自己今天的状态，肯定比十几年前心要更定，更简单。但的确是经过了这种过程。我相信大多数企业也是。我们都是普通人。有一些真正厉害的人可能是例外。

李翔：所以你的商业教育是通过自我训练完成的？

左晖：我们大多数人不都是这样的吗？我们不都是这么做大的吗？

李翔：那种吃差价的模式有多久？

左晖：有半年。

李翔：那其实很快了。

左晖：很快，因为消费者的反馈是很迅速的。我们和竞争者比，在吃差价上根本没有优势。竞争者把人打出去了，我们把钱打出去了（指的是有些中介公司会用强硬的手段来解决消费者的不满，链家选择把钱退回去）。这事根本就没法干。

看人严

李翔: 你们的团队, 后来也有空降的。

左晖: 对。

李翔: 他们的融入也非常自然吗?

左晖: 我觉得非常自然。我们的团队, 我觉得非常稳定, 稳定的核心在于我们看人看得严。

李翔: 看人看得严, 是找他的时候看得就很严?

左晖: 对, 我们的核心就两个, 第一个是看人品, 第二个是看自我迭代的能力。人品主要就是看一件事——能不能建立背靠背的信任。背靠背信任的基础在于, 判断这个人做事情是以团队利益为先, 还是以个人利益为先。这个事情其实没那么难判断。我们把这作为很重要的, 甚至是唯一的看人品的标准。你把事情变简单了, 就容易了。

李翔: 这两个标准应该很难通过一两次面试看出来。

左晖: 我觉得没那么难。大多数人看人, 不知道看什么, 聊了半天, 一面二面三面, 然后吃饭喝酒。有些人说通过喝酒，通过打麻将能看人，我觉得那都不对，核心是你知不知道看什么。

李翔：自我迭代能力，是可以通过问题问出来的吗？

左晖：问得出来。我觉得就是埃隆·马斯克说的第一性原理。人自我迭代的背后是，你的冲动来自哪里，你的原动力到底是什么。核心就在于，你要追求事情的本质。只要保持着这个原动力，你一定会自我迭代。这件事要看起来没那么难。

比如说不人云亦云，这在我们现有的教育体系下太难了。一个人如果具备这样的能力，其实并不难看出来。像我们都是在这样的教育体系下出来的，能有点独立思考能力，肯定是经过一些事儿了。

《详谈》丛书：一部以人为单位的当代商业史

全年订阅，买纸书送电子书

每月一本商业人物访谈录

只用一杯咖啡的价格

你就能跟这个时代优秀的价值创造者做一次精神上的长谈

图书在版编目（CIP）数据

左晖 / 李翔著 . -- 北京：新星出版社，2020.11（2023.5重印）
（详谈）
ISBN 978-7-5133-4228-5

Ⅰ. ①左… Ⅱ. ①李… Ⅲ. ①左晖－访问记 Ⅳ.
① K825.38

中国版本图书馆 CIP 数据核字（2020）第 207281 号

左晖

李翔　著

策划编辑：战　轶
责任编辑：汪　欣
营销编辑：龙立恒
封面设计：李　岩
插　　画：贺大磊
版式设计：仙境设计

出版发行：新星出版社
出 版 人：马汝军
社　　址：北京市西城区车公庄大街丙 3 号楼 100044
网　　址：www.newstarpress.com
电　　话：010-88310888
传　　真：010-65270449
法律顾问：北京市岳成律师事务所

读者服务：010-88310811　service@newstarpress.com
邮购地址：北京市西城区车公庄大街丙 3 号楼 100044

印　　刷：北京盛通印刷股份有限公司
开　　本：787mm×1092mm 1/32
印　　张：5.75
字　　数：100 千字
版　　次：2020 年 11 月第一版 2023 年 5 月第八次印刷
书　　号：ISBN 978-7-5133-4228-5
定　　价：39.00 元